Laurence Sterne

Yoricks empfindsame Reise durch Frankreich und Italien

2. Band

Laurence Sterne

Yoricks empfindsame Reise durch Frankreich und Italien

2. Band

ISBN/EAN: 9783959136310

Auflage: 1

Erscheinungsjahr: 2017

Erscheinungsort: Treuchtlingen, Deutschland

Literaricon Verlag UG (haftungsgeschränkt), Uhlbergstr. 18, 91757 Treuchtlingen. Geschäftsführer: Günther Reiter-Werdin, www.literaricon.de. Dieser Titel ist ein Nachdruck eines historischen Buches. Es musste auf alte Vorlagen zurückgegriffen werden; hieraus zwangsläufig resultierende Qualitätsverluste bitten wir zu entschuldigen.

Printed in Germany

Cover: Angelika Kauffmann, Insane Maria, A scene in Laurence Sterne's "Yoricks empfindsame Reise durch Frankreich und Italien", Abb. gemeinfrei

Laurence Sterne:

Yoricks empfindsame Reise

Aus dem Englischen übersetzt
von
Johann Joachim Bode
mit den Kupfern der Originalbilder von
Mechau und Crusius.

München und Leipzig 1910
Verlegt bei Georg Müller

Yoricks
empfindsame Reise
durch
Frankreich und Italien.
Zweyter Band.

Yoricks
empfindsame Reise
durch
Frankreich und Italien.

Aus dem Englischen übersetzt.
Zweyter Band.

Mit Churfürstl. Sächsischem gnädigsten Privilegio.

Bremen,
bey Johann Heinrich Cramer 1776.

Das Kammermädchen.

Paris.

Was der alte französische Officier über das Reisen gesagt hatte, erinnerte mich an den Rath, den Polonius über eben die Materie seinem Sohne ertheilet ... und das erinnerte mich an Hamlet ... und Hamlet an die übrigen Werke vom Shakespear; also gieng ich, im nach Hause gehen, durch den Quai de Conti, um die letztern zu kaufen.

Der Buchhändler sagte, er habe kein einziges Exemplar.... Comment? sagt' ich, und nahm einen Band von dem, das ich auf der Auslage vor mir sahe.... Er sagte, er habe solches nur für jemand binden lassen, und müßte es Morgen Früh an den Grafen de B * * nach Versailles senden.

So? sagt' ich, liest der Graf de B * * den Shakespear? C'est un esprit fort, versetzte der Buchhändler ... Er liebt die englischen Bücher; und was noch mehr zu seiner Ehre gereicht, Monsieur, er liebt auch die Engländer ... Was sie da sagen, ist so verbindlich, erwiederte ich, daß es hinlänglich ist, einen Engländer zu vermögen, daß er einen oder ein Paar Louisd'or in Ihrem Laden anlegt.... Der Buchhändler neigte sich, und war im Begriff zu antwor-

worten, als ein junges ehrbares Mädchen, von ungefähr zwanzig Jahren, das, nach seinem Anzuge und Betragen, Kammermädchen bey irgend einer andächtigen vornehmen Dame zu seyn schien, in den Laden kam, und les Egarements du Cœur & de l'Esprit verlangte. Der Buchhändler holte ihr gleich das Buch hervor; sie zog einen kleinen grünen atlaßnen Beutel, der mit Band von derselben Farbe eingefaßt war, aus der Tasche, griff mit einem Finger und dem Daumen hinein, holte Geld heraus, und bezahlte es. Da ich im Laden nichts mehr zu verrichten hatte, so giengen wir zugleich aus der Thüre.

... Und was haben Sie mit den Verirrungen des Herzens zu schaffen, meine liebe Jungfer? sagt' ich: Sie wissen ja wohl kaum, daß Sie ein Herz haben: und werdens auch nicht eher sicher erfahren, bis es ihnen die Liebe sagt, oder bis solches die Untreue irgend eines Schäfers

beseufzet. . . . Le Dieu m'en garde! sagte
das Mädchen . . . Mit Recht, sagt' ich;
denn wenn es ein gutes ist, so ists Schade,
daß es gestohlen werden soll; es ist Ihnen
ein kleiner Schatz, und giebt ihrem Gesichte
eine grössere Zierde, als wenns mit Per=
len geschmückt wäre.

Die junge Dirne horchte mit einer folg=
samen Aufmerksamkeit, und hielt beständig
ihren atlaßnen Beutel am Bande in der
Hand. . . . Er ist sehr klein, sagt' ich, und faßte
ihn beym Boden an . . . sie hielt ihn mir
her . . . und es ist auch sehr wenig darin,
mein Kind; aber sey nur so gut, als Du
schön bist, so wird ihn der Himmel schon
voll machen. Ich hielt etliche Kronen in
der Hand, wofür ich den Shakespear kau=
fen wollen; und als sie den Beutel ganz los
ließ, steckte ich eine davon hinein, machte
das Band in eine doppelte Schleife, und
gab ihn ihr wieder.

Der

Der Knicks, den mir das Mädchen machte, war mehr ehrerbietig, als tief ... Es war eine von jenen ruhigen, dankbaren Senkungen, wobey sich die Seele selbst neiget ... Der Körper thut dabey nichts, als daß ers nur anzeigt. ... In meinem Leben habe ich keinem Mädchen eine Krone gegeben, das mir halb so viel Vergnügen gemacht hätte.

Mein Rath, mein liebes Kind, sagt' ich, wäre Ihnen nicht einen Nadelknopf werth gewesen, wenn ich dies nicht mit dabey gegeben hätte: nun aber wird er Ihnen beyfallen, wenn Sie das Stück Geld ansehen ... Verthun Sie es also nicht in Bändern.

Mein Herr, auf mein Wort, sagte das Mädchen ganz ernsthaft, ich bin nicht fähig ... Indem sie das sagte, gab sie mir, wie es bey solchen kleinen Ehrenversicherungen gebräuchlich ist, die Hand ... En verité, Mon-

Monsieur, je mettrai cet argent à part, sagte sie.

Wenn zwischen Mann und Weib eine tugendhafte Verabredung geschlossen ist, so heiligt das ihre geheimsten Gänge; also, ob es gleich in der Dämmerung war, machten wir uns doch kein Gewissen, weil wir beyde einerley Weg hatten, längst dem Quai de Conti zusammen zu gehen.

Sie machte mir, als wir anfiengen zu gehen, einen zweyten Knicks, und ehe wir noch zwanzig Schritte von der Thüre entfernt waren, machte sie, als ob sie vorher noch nicht genug gethan hätte, einen kleinen Halt, um mir nochmals zu sagen ... daß sie mir dankte.

Es wäre ein kleiner Tribut, sagt' ich, welchen ich nicht umhin gekonnt, der Tugend zu bezahlen, und um alles in der Welt, wollte ich mich nicht in der Person geirret haben, die ihn empfangen hat ... Aber mein

mein liebstes Kind, ich seh' Unschuld auf deinem Gesichte ... und wehe dem Manne, der ihr jemals Fallstricke legt!

Das Mädchen ward, auf eine oder die andre Art, von dem, was ich sagte, gerührt ... sie holte einen tiefen Seufzer ... Ich fand, daß ich gar nicht berechtigt war, darnach zu fragen ... also sagt' ich nichts weiter, bis ich an die Ecke der Rue de Nevers kam, wo wir uns trennen sollten.

Aber ist dieses der Weg, mein Kind, sagt' ich, nach dem Hotel de Modene? Er wär' es, sagte sie ... oder, ich könnte auch durch die folgende Gasse, Rue de Guineygaude gehn.... So will ich durch die Rue de Guineygaude gehn, mein Kind, sagt' ich: und zwar aus zwo Ursachen; erstlich mir selbst zu gefallen; und zweytens Sie auf Ihrem Wege durch meine Gesellschaft so lange zu schützen, als ich kann. Das Mädchen erkannte meine Höflichkeit ... und sagte, te, sie wünschte, das Hotel de Modene wäre in der Rue de St. Pierre... Wohnen Sie da? sagt' ich... Sie sagte, sie wäre Kammermädchen bey Madame de Rambouillet... Himmel! sagte ich, das ist eben die Dame, an die ich einen Brief aus Amiens mitgebracht habe... Das Mädchen sagte mir, sie glaubte, Madame de Rambouillet erwartete einen Fremden mit einem Briefe, und wäre ungedulbig, ihn zu sehen.... Also bat ich das Mädchen, mich der Madame de Rambouillet zu empfehlen, und ihr zu sagen, daß ich ihr unfehlbar den andern Morgen aufwarten würde.

Während daß dieses vorgieng, stunden wir an der Ecke der Rue de Nevers still.... Wir hielten uns einen Augenblick auf, um es mit ihren Egarements du Cœur &c. bequemer einzurichten, als solche in der Hand zu tragen... Es waren zween Bände; also hielt ich den zweyten so lange, bis sie den ersten in ihre Tasche ge=

gesteckt hatte; dann hielt sie mir die Tasche auf, und ich steckte den andern dazu hinein.

Es ist süß, zu fühlen, bey was für feingesponnenen Fäden unsre Neigungen zusammen gezogen werden.

Wir giengen von neuem weiter, und beym dritten Schritte legte das Mädchen ihre Hand in meinen Arm ... Ich wollt' ihr solchen eben anbieten ... Sie that es aber mit dieser unüberlegten, sorglosen Zuversicht, welche bezeugte, daß es ihr nicht einfiel, daß wir uns zum erstenmale sähen. Ich für mein Theil, fühlte eine so starke Ueberzeugung von Blutsfreundschaft, daß ich mich nicht entbrechen konnte, mich halb umzudrehen, um ihr ins Gesicht zu gucken, und zu sehen, ob ich nicht einige Familienzüge darin entdecken könnte. He! sagt' ich, sind wir denn nicht alle Verwandte?

Als wir ans Ende der Rue de Guineygaude gekommen, stund ich still, um ihr im rechten Ernste adieu zu sagen: das Mädchen dankte mir nochmals für meine Gesellschaft und Gütigkeit ... zweymal sagte sie mir adieu ... Ich wiederholte es eben so oft; und unser Abschied war so herzlich vertraut, daß, wäre es irgend sonst wo gewesen, ich nicht dafür geschworen hätte, ob ich ihr nicht, eben so warm und heilig, als ein Apostel, einen Liebeskuß würde gegeben haben.

Da sich aber in Paris niemand küßt, als die Mannspersonen; so that ich, was auf dasselbe hinaus läuft ...

... Ich empfahl sie dem Schutze des Himmels.

Der Geleitsbrief.

Paris.

Als ich wieder in mein Hotel kam, sagte mir La Fleur, daß der Policeylieutenant nach mir fragen laßen. . . . Hol's der Henker! sagt' ich; ich weis schon, warum? Es ist Zeit, daß es der Leser auch erfahre; denn zu der Zeit, da sichs zutrug, wurde es überschlagen: vergessen hatt' ichs zwar nicht; wenn ichs aber damals erzählt hätte, so möcht' es der Leser itzt schon vergessen haben, und itzt ist die Zeit, da ichs brauche.

Ich hatte London dergestalt über Hals und Kopf verlassen, daß mirs auf Meilen lang nicht einfiel, daß wir mit Frankreich Krieg hätten; und war bis Dover gekommen, und hatte durch mein Glas die Hügel jenseits Boulogne entdeckt, ehe mir die Idee davon in den Kopf kam, und mit ihr, daß ich

ich ohne Geleitsbrief nicht überkommen könn=
te. Wenn ich auch nur bis an das Ende einer
Gassen gegangen bin, so thut mirs in der
Seele leid, wenn ich nicht klüger zurück
kehren soll, als ich ausgegangen war; und
da dieses eine der größesten Anstrengungen
war, die ich angewendet hatte, um Weisheit
zu erwerben: so konnte ich diesen Gedanken
desto weniger ausstehen: da ich also hörte,
daß der Graf von *** das Paquetboot gemie=
thet habe, bat ich ihn, mich in seiner Suite
mit zu nehmen. Der Graf hatte etwas von
mir gehört, und machte also wenig oder gar
keine Schwierigkeit ... Er sagte nur, seine
Neigung, mir zu dienen, könnte nicht weiter
reichen, als bis Calais, weil er über Brüssel
nach Paris gehen müßte; indessen könnt' ich,
wenn ich erst einmal dort wäre, ohne auf=
gehalten zu werden, nach Paris kommen:
nur müßt' ich dann in Paris mir Freunde
zu schaffen, und mich selbst aus dem Handel
zu ziehen suchen. . . . Lassen sie mich nur erst
in Paris seyn, Herr Graf, sagt' ich, so will

ich

ich schon durchkommen. Ich schiffte mich also ein, und dachte nicht weiter an die Sache.

Als mir La Fleur sagte, daß der Policeylieutenant sich nach mir erkundigen lassen, fiel mirs wieder aufs Herz ... und als La Fleur fertig mit seiner Erzählung war, kam der Wirth des Hotels ins Zimmer, um mir dasselbige zu sagen, mit dem Zusatze, daß man besonders nach meinem Geleitsbriefe gefragt habe; der Herr des Hotels schloß mit den Worten: Ich hoffe, sie sind damit versehen. ... Ich? wahrhaftig nicht! sagt' ich.

Der Herr des Hotels wich drey Schritte von mir zurück, als ich ihm dieses sagte, als von einer angesteckten Person ... und der arme La Fleur näherte sich drey Schritte zu mir, mit der Art von Bewegung, welche eine gutherzige Seele macht, um jemand im Elende beyzuspringen ... Der Kerl gewann dadurch mein Herz; und aus diesem einzigen Zuge, kannte ich seinen Charakter so vollkommen, und konnte mich so steif und fest auf ihn verlassen, als ob er mir sieben Jahre treu und ehrlich gedient gehabt hätte.

Mon Seigneur! rief der Herr des Hotels... Er faßte sich aber gleich, so wie ihm die Ausrufung entfahren, und änderte den Ton... Wenn Monsieur, sagt' er, keinen Geleits=brief hat, so hat er (apparament) wahr=scheinlicher Weise Freunde in Paris, die ihm einen verschaffen können ... Ich wüßte niemand, sagt' ich mit einer gleichgültigen Miene. Dann, certes, versetzt' er, wird man sie nach der Bastille, oder au moins nach dem Chatelet schicken.... Poh! sagt' ich, der König von Frankreich ist ein recht guter Mann ... Er thut niemand was zu Leide.... Cela n'empeche pas, sagte er,... sie wandern gewiß Morgen früh nach der Bastille ... Ich habe ja aber ihre Zimmer auf einen Monath gemiethet, antwortet' ich, und alle Könige von Frankreich auf

Gottes

Gottes Erdboden sollen mich keinen Tag früher heraus bringen.

La Fleur raunte mir ins Ohr, dem Könige von Frankreich könnte sich niemand widersetzen.

Pardi, sagte mein Wirth, ces Messieurs Anglois sont des gens tres extraordinaires ... und nachdem ers gesagt und beschworen, gieng er hinaus.

Der Geleitsbrief.
Das Hotel zu Paris.

Ich konnt' es nicht übers Herz bringen, den armen La Fleur mit einem ernsthaften Blicke, über den Gegenstand meiner Verlegenheit zu quälen, das war die Ursache, weswegen ich es so auf die leichte Achsel nahm; und, um ihm zu zeigen, wie wenig ich mir daraus machte, schwieg ich gänzlich davon stille; und derweile er mir beym Abendessen aufwartete, sprach ich mehr aufgeräumt mit ihm, als gewöhnlich, von Paris und der Opera Comique.... La Fleur war selbst darin gewesen, und war mir durch die Gassen bis an den Buchladen gefolgt; als er mich aber mit dem Kammermädchen herauskommen und mit ihr durch den Quai de Conti gehen sah, so hielt es La Fleur für unnöthig, mir einen Schritt weiter zu folgen.... Indem er also seine eignen Betrachtungen darüber anstellte, nahm er einen
kür-

kürzern Weg, und kam früh genug ins Hotel, um gegen meine Ankunft von der Policeygeschichte unterrichtet zu seyn.

So bald der ehrliche Schlag abgenommen hatte, und hinunter gegangen war, um selbst zu essen, begann ich ein wenig ernsthaft an meine Situation zu denken.

Und hier weis ich, Eugenius, wirst du lächeln, wenn du dich des kurzen Gesprächs erinnerst, das den Augenblick vorher, ehe ich abreisete, zwischen uns vorfiel . . . Ich muß es hier erzählen.

Eugenius, welcher wußte, daß ich eben so wenig schwer mit Gelde als mit Gedanken überladen zu seyn pflege, hatte mich beyseite gezogen, um mich zu fragen, für wie viel ich gesorgt hätte. Als ich ihm genau die ganze Summe sagte, schüttelte er den Kopf, und sagte, es würde nicht reichen; damit zog er seine Börse hervor, um solche in die

meinige auszuschütten. Auf mein Gewissen,
Eugenius, ich habe genug, sagt' ich . . .
In der That, Yorick, sagt' er, das haben
Sie nicht, ich kenne Frankreich und Italien
besser, als Sie. . . . Sie bedenken aber nicht,
Eugenius, sagt' ich, indem ich sein Aner=
bieten ausschlug, daß ich schon etwas sagen
oder thun werde, bevor ich noch drey Tage
in Paris gewesen bin, warum man mich in
die Bastille bringen muß, und daß ich da=
selbst ein Paar Monat gänzlich auf des
Königs Unkosten zehren werde. . . . Ich bitte
um Vergebung, sagte Eugenius ganz trocken,
auf diesen Spartopf hatte ich nicht gedacht.

Jetzt lag der Wolf, den ich damals im
Lachen genannt hatte, im Ernste vor meiner
Thüre.

Ist es Thorheit, oder Sorglosigkeit,
oder Philosophie, oder Steifsinn . . . oder
sonst was in mir, daß bey alle dem, als
La Fleur hinunter gegangen, und ich ganz
alleine

alleine war, ich dennoch mein Gemüth nicht herunter stimmen konnte, anders davon zu denken, als ich damals mit Eugenius davon geredet hatte?

... Und was ists denn mit der Bastille! Das schreckliche steckt im Worte ... Man mach' es so schlimm als man kann, sagt' ich zu mir selbst, die Bastille ist bloß ein ander Wort für Tower ... und ein Tower ist bloß ein ander Wort für ein Haus, aus dem man nicht heraus kommen kann. ... Die armen Podagristen müssen sich das, im Jahre wol zweymal, gefallen lassen. ... Aber mit neun Livres des Tages, und Feder, Dinte und Papier, und Geduld, kann man in einem Hause ganz gut leben, wenn man gleich nicht hinausgehn darf. ... Zum Wenigsten auf ein Monat oder sechs Wochen; zu Ende dieser Zeit, wenn er niemanden was zu leide gethan, kömmt seine Unschuld an den Tag, und er kömmt besser und weiser heraus, als er hinein gekommen ist.

Ich hatte, da ich die Sache schlichtete, ich weis nicht was, im Hofe zu verrichten; und ich erinnere mich, daß ich mit nicht geringen Triumphe über meine witzigen Schlüsse die Treppe hinunter gieng. Zum Henker, mit dem dunkelfarbigten Pinsel! sagt' ich ganz keck und kühn; denn ich beneide sein Vermögen nicht, alle Uebel des Lebens mit so harten und schwarzen Farben zu malen: die Seele sitzt erschrocken vor den Gegenständen, die sie selbst groß und schrecklich gebildet hat; man darf sie nur auf ihre wahre Größe und Farben herunter bringen, so sieht die Seele darüber hinweg. . . . Wahr ists, sagt' ich, in dem ich den Satz näher bestimmen wollte, die Bastille ist kein verächtliches Uebel. . . . Man nehme ihr aber ihre Thürme, . . . man fülle den Graben, . . . entriegle die Pforten, . . . man nenne es bloß, Hausarrest, den man wegen einer tyrannischen Unpäßlichkeit, und nicht eines tyrannischen Mannes wegen hält; . . . so ist das Uebel verschwunden,

und

und die andere Hälfte erträgt man ohne Murren.

Ich ward in meinem, allen Leiden hohnsprechenden Soliloquio, durch eine Stimme unterbrochen, die mir von einem Kinde zu kommen schien, welches klagte, „daß es nicht herauskommen könnte.„ . . . Ich sah die Gallerie auf und nieder, und da ich weder Mann, Weib noch Kind ansichtig ward, so gieng ich hinunter, ohne mich weiter zu bekümmern.

Als ich wieder zurück über die Gallerie kam, hörte ich die nemlichen Worte zweymal wiederholen, und da ich aufsah, ward ich gewahr, daß es ein Staar in einem kleinen Kefigt sey. . . . „Ich kann nich 'raus . . . Ich kann nich 'raus,„ sagte der Staar.

Ich stund, und sah den Vogel an: und so oft jemand vorbey gieng, lief er mit ausge=

gesperrten Flügeln nach der Seite des Kefigts, wo man vorbey gieng, und wiederholte dieselbigen Klagen über seine Gefangenschaft. . . . „Ich kann nicht 'raus,‚‚ sagte der Staar. Gott helf dir! sagt' ich, ich will dich aber heraus lassen, es koste was es wolle: damit gieng ich um den Kefigt herum, die Thüre zu suchen, die war aber so fest und dichte mit Drath verwickelt, daß man sie nicht aufmachen konnte, ohne den ganzen Kefigt in Stücken zu brechen. . . . Ich legte beyde Hände ans Werk.

Der Vogel flog nach dem Platze, wo ich seine Freyheit zu bewirken suchte, und indem er den Kopf durch das Geflechte steckte, drückte er mit der Brust dagegen, als ob er ungeduldig wäre. . . . ich fürchte, armes Ding! sagt' ich, daß ich dich nicht werde befreyen können. . . . „Nein,‚‚ sagte der Staar, „ich kann nich 'raus, . . . ich kann nich 'raus.‚‚

Ich versichre, daß niemals mein Gefühl zärtlicher erregt ist, noch daß ich mich einer Begebenheit in meinem Leben erinnre, bey welcher meine zerstreuten Geister, die meine Vernunft zum Besten gehabt hatten, so plötzlich zurück gerufen worden. So mechanisch die Töne waren, so wurden sie gleichwol so zustimmend mit der Natur hervorgebracht, daß sie in einem Augenblick mein systematisches Schlußgebäude über die Bastille zu Boden warfen. Ich gieng schwermüthig die Treppe hinauf, und nahm jedes Wort zurück, das ich im Heruntergehen gesagt hatte.

Verbirg dich, wie du willst, dennoch, Sklaverey! dennoch bist du ein bittrer Trank, sagt' ich; und ob man dich gleich zu allen Zeiten Tausenden zu Trinken gegeben hat, so bist du doch darum nicht weniger bitter. . . . Du aber, dreymal süße und holde Göttin! und richtete meine Worte an die **Freyheit**, die jedermann heim=

heimlich oder öffentlich verehrt, deine Schaale ist lieblich dem Geschmacke, und wird es stets bleiben, bis die Natur selbst sich verwandelt.... Kein Kleck von Worten kann deinen schneeweissen Mantel beflecken, noch chymische Kraft deinen Scepter in Eisen verwandeln.... Lächelst du ihm nur zu, wenn er seine Rinde genießt, so ist der Hirte glücklicher, als sein Monarch, von dessen Hofe du verbannet bist. ... Barmherziger Himmel! rief ich, indem ich auf der vorletztern obersten Stufe niederkniete, du hast so viele Gaben, beschere mir nur Gesundheit, und gieb mir nur diese schöne Göttinn zur Gesellschafterinn, dann schütte deine Bischofshüte wie Schneeflocken, wenns deiner göttlichen Fürsehung so gut scheint, über jene Köpfe, welchen darnach wehe thut.

Der Gefangene.
Paris.

Der Vogel in seinem Kefigt verfolgte mich bis in mein Zimmer; ich setzte mich an meinen Tisch, stützte meinen Kopf mit der Hand, und begann, mir das Elend der Gefangenschaft vorzustellen. Ich war eben recht dazu aufgelegt, und also öffnete ich meiner Einbildungskraft Thüre und Thore.

Ich war im Begriff, bey den Millionen von meinen Nebengeschöpfen anzufangen, die zu keinem andern Erbe geboren werden, als zur Sklaverey; da ich aber fand, daß, so rührend sonst das Gemälde war, ich es doch nicht nahe genug vors Auge bringen konnte, und daß die Mannigfaltigkeit der traurigen Gruppen mich nur zerstreute ...

... So nahm ich einen einzigen Gefang=nen, und nachdem ich ihn vorher in seinem dunk=

dunklen Kerker verschlossen hatte, sah ich durch die Dämmerung des Thürgatters, um seine Gemälde aufzunehmen.

Ich sah seinen Körper halb abgezehrt von dem langen Harren und Einsperren, und fühlte, was fehlgeschlagene Hoffnungen dem Herzen für eine Art Krankheit verursacht hatten. Bey näherer Betrachtung, fand ich ihn blaß und fieberhaft: in dreyßig Jahren hatte kein kühler Westwind sein Blut erfrischt.... In dieser langen Zeit hatte er keine Sonne gesehn, und keinen Mond,... noch hatten seine Ohren die Stimme eines Freundes oder Verwandten vernommen.... Seine Kinder...

Aber hier fieng mein Herz an zu bluten, und ich war gezwungen, einen andern Theil des Portraits vorzunehmen.

Er saß in dem hintersten Winkel seines Kerkers auf dem kalten Boden, auf ein
wenig

wenig Stroh, welches ihm als Stuhl und Bette zugleich diente. Zum Kopfe lag ein kleiner Kalender von dünnen Kerbhölzern, worauf die Zahl der jammervollen Tage und Nächte, die er daselbst zugebracht hatte, eingeschnitten war. ... Er hielt eins von diesen Hölzern in der Hand, und mit einem verrosteten Nagel kratzte er einen neuen Tag des Elendes zu der grossen Zahl der übrigen.

Da ich das wenige Licht, das er hatte, verdunkelte, hob er ein hoffnungsloses Auge gegen die Thüre, schlug es wieder nieder, schüttelte den Kopf, und fuhr in seinem wehmüthigen Geschäfte fort. Ich hörte seine Ketten klirren, als er sich drehte, um sein kleines Kerbholz zu dem Bündel zu legen. ... Er holte einen tiefen Seufzer. ... Ich sah das Eisen in seine Seele fahren ... Die Thränen stürzten mir aus den Augen. ... Ich konnte das Gemälde nicht ertragen, welches meine
Phan=

Phantasie von der Gefangenschaft entworfen hatte.... Ich sprung vom Stuhle auf, rief La Fleur, und befahl ihm, eine Remise zu besprechen, die um neun Uhr des Morgens vor der Thüre des Hotels seyn müßte.

Ich will selbst geradezu, sagt' ich, zu Monsieur le Duc de Choiseul gehn.

La Fleur wollte mich zu Bette bringen; da ich aber nicht wollte, daß er etwas auf meinen Wangen sähe, welches dem armen Menschen ein Herzweh verursacht haben möchte: so sagt' ich ihm, ich wollte schon alleine zu Bette kommen ... Er sollte nur auch bald schlafen gehn.

Der

Der Staar.
Weg nach Versailles.

Um die vorgesetzte Zeit stieg ich in die Remise; La Fleur hinten auf, und ich befahl dem Kutscher, gerade nach Versailles zu fahren.

Da ich auf diesem Wege nichts fand, oder vielmehr nichts von dem fand, wonach ich auf Reisen sehe: so kann ich das leere Blatt nicht besser anfüllen, als mit einer kurzen Geschichte des nemlichen Vogels, wovon im letzten Kapitel gehandelt worden.

Als der Hochwohlgeborne Herr * * * zu Dover auf guten Wind wartete, hatte ein englischer Bursche, der als Reitknecht mit ihm gieng, den Vogel, noch eh' er recht fliegen konnte, auf den Klippen gefangen; da er ihn nicht gerne umkommen lassen woll= te, nahm er ihn in seinem Busen mit aufs Paquetboot.... Und dadurch, daß er ihn fütterte, und ihn doch einmal in seinen

Schutz genommen hatte, gewann er ihn in ein oder zween Tagen lieb, und brachte ihn wohlbehalten mit sich nach Paris.

In Paris hatte der Bursche ein Livre für einen kleinen Kefricht, für seinen Staar, angelegt. Und weil er in den fünf Monaten, die sich sein Herr dort aufhielt, nichts bessers zu thun hatte: so lehrte er ihn in seiner Muttersprache die vier einzelne Sylben ... (und nichts mehr) ... welche mich so sehr zu seinem Schuldner gemacht haben.

Als sein Herr weiter nach Italien reisete, hatte der Bursche seinen Vogel dem Herrn des Hotels gelassen ... Aber sein kleiner Gesang um Freyheit, war zu Paris in einer u n b e k a n n t e n Sprache; also setzte man wenig oder gar keinen Werth darauf ... und La Fleur kauft' ihn mir, mit sammt dem Kefricht, um eine Flasche Burgunder.

Bey meiner Zurückkunft aus Italien brachte ich ihn mit mir in das Land, in dessen Sprache er die Töne gelernt hatte ...
und

und als ich dem Lord A. seine Geschichte er=
zählte, bat mich Lord A. um den Vogel.
Eine Woche darauf gab ihn Lord A. dem Lord
B. ... Lord B. machte davon ein Geschenk
an Lord C. ... und Lord C's Kammerdiener
verkauft' ihn an den Kammerdiener des Lord
D. ... Lord D. gab ihn dem Lord E. ... und
so weiter ... durchs halbe A B C. Von
diesem Range kam er ins Unterparlement,
und gieng durch die Hände eben so vieler
Herren des Unterhauses ... Alle diese aber
wollten gern h i n e i n ... mein Vogel wollte
gern h e r a u s ... Man legte in London fast
eben so wenig Werth darauf, als in Paris.

Es ist unmöglich, daß viele meiner Leser
gar nichts sollten von ihm gehört haben; und
wenn ihn jemand, durch einen blossen Zufall,
sollte gesehen haben ... so bitte ich um Er=
laubniß, ihm zu sagen, daß der Vogel mein
Vogel war ... oder irgend eine elende Nach=
ahmung, die ihn vorstellen sollte.

Ich habe nichts weiter von ihm hinzu zu
setzen, als daß ich von der Zeit an, bis auf

die=

diese Stunde, diesen armen Staar auf dem Helme meines Wappens geführt habe. ...

Wie hier:

Und laß nur einen Heraldiker oder Pfalz=grafen kommen, und mir was davon sagen, wenn er das Herz hat.

Die

Die Anrede.
Versailles.

Ich möchte nicht gern, daß meine Feinde mein Gemüth besichtigen, wenn ich im Begriff stehe, einen Mann um seinen Schutz anzusprechen. Aus der Ursache bestrebe ich mich so viel als möglich, mich selbst zu beschützen: aber dieser Gang zu Monsieur le Duc de Choiseul war eine nothgedrungene Handlung … Wär' es eine Handlung aus freyer Wahl gewesen, so, glaub' ich, würde ich solche verrichtet haben, wie andre Leute.

Wie viele feige Plane einer kriechenden Anrede machte nicht mein knechtisches Herz auf diesem Wege! … Für einen jeden hätt' ich die Bastille verdient.

Als ich in der Nähe von Versailles kam, konnt' ich nichts thun, als Worte und Re-

densarten zusammen setzen, und auf Stellungen und Töne sinnen, um mich in die Gunst des Duc de Choiseul hinein zu winden...
Nun hab' ichs getroffen, sagt' ich...
Eben so gut, fiel ich wieder ein, als ein Kleid, das ihm ein Waghals von Schneider bringt, der ihm kein Maaß genommen hat.... Thor! fuhr ich fort,... erst sieh das Antlitz des Monsieur le Duc... gieb Acht, was für ein Charakter darin geschrieben ist.... Betrachte, in was für einer Positur er steht, dich anzuhören... Bemerke die Wendungen und Ausdrücke seiner Glieder... Und wegen des Tons;... der erste Schall, der von seinen Lippen kömmt, wird ihn dir angeben... und von diesem allen zusammen genommen, wirst du auf der Stelle eine Anrede componiren, welche dem Duc nicht misfallen kann... Die Ingredienzen sind sein eigen, und werden sehr wahrscheinlich hinunter gehn.

Gut! sagt' ich, ich wünschte, ich wäre glücklich davon ... Schon wieder? feige
Mem=

Memme! Als ob nicht Mann um Mann, auf der ganzen Oberfläche des Erdbodens, einerley wäre; und wenn das im Felde ist ... warum nicht ebenfalls von Angesicht zu Angesicht, im Cabinet? Und, glaube mir, Yorick, wo das nicht ist, da ist der Mensch sich selbst ungetreu, und verräth seine eigne Hülfstruppen zehnmal, ehe die Natur es ein= mal thut.

Geh' nur zum Duc de Choiseul mit der Bastille in deinen Mienen, ... ich wette mein Leben, man schickt dich in einer halben Stunde mit einer Wache nach Paris zurück.

Das glaub' ich auch, sagt' ich ... Also will ich, beym Himmel! zum Duc mit aller Fröhlichkeit und Sorglosigkeit gehn, die nur in der Welt möglich ist. ...

Da hast du nun schon wieder Unrecht, versetzt' ich ... Ein völlig ruhiges Herz, Yorick, fliegt in keine Extremitäten ... es ist

ist immer in seinem Mittelpunkte. . . . Gut, gut! rief ich, als der Kutscher ins Thor fuhr, ich finde, ich werde schon durchkommen: und indessen, daß er um den Hof herum gefahren war, und mich an die Pforte gebracht, fand ich, daß ich so viel aus meinem eignen Collegio gelernt hatte, daß ich die Stufen weder hinaufstieg, wie ein Opfer der Gerechtigkeit, das auf der obersten das Leben verlieren soll ... noch mit solchen hüpfenden Schritten, als ich thue, wenn ich zu dir, Elisa! hinauffliege, um es zu finden.

Als ich in die Thüre des Salons trat, kam mir ein Mann entgegen, der vermuthlich Maitre d'hotel seyn möchte, aber mehr aussah, als einer von den Untersecretairs, welcher mir sagte, der Duc de Choiseul habe Geschäfte ... ich weis ganz und gar nichts, sagt' ich, von den Formalitäten, die erfordert werden, zur Audienz zu gelangen; ich bin hier völlig fremd, und was

bey

bey den gegenwärtigen Zeitläuften vielleicht noch schlimmer ist, ich bin ein Engländer. Er versetzte, das vergrössere die Schwierigkeiten nicht ... Ich machte ihm eine leichte Verbeugung, und sagt' ihm, daß ich dem Monsieur le Duc etwas wichtiges vorzutragen hätte.

Der Secretair sah nach der Treppe hinauf, als ob er im Begriff stünde, mich zu verlassen, um diese Nachricht jemanden zu überbringen ... Aber, sagt' ich, Sie müssen mich nicht unrecht verstehen, denn, was ich vorzubringen habe, ist für Monsieur le Duc de Choiseul auf keine Art und Weise wichtig, aber sehr wichtig für mich selbst. ... C'est une autre affaire, versetzte er. ... Ganz und gar nicht, sagt' ich, für einen so braven Herrn ... Aber ich bitte, fuhr ich fort, mein lieber Herr, wie bald kann ein Fremder hoffen, vorgelassen zu werden? ... Nicht vor zwo Stunden, sagt' er, und sah dabey auf seine Uhr. Die Menge von Karossen,

sen, die im Hofplatze stunden, schien die Rechnung zu rechtfertigen, daß ich keine nähere Hofnung haben könnte ... Da nun das Auf= und Niedergehen in dem Salon, ohne eine Seele zu haben, mit der ich reden könnte, die Zeit über, eben so schlimm war, als in der Bastille zu sitzen: so lief ich den Augenblick wieder zurück nach meiner Remise, und befahl dem Kutscher, nach dem Cordon bleu zu fahren, welches das nächste Hotel war.

Ich denke, das Schicksal muß mit im Spiele seyn, ... daß ich selten nach dem Orte komme, wo ich hin will.

Der

Der Pastetenhändler.
Versailles.

Eh' ich noch halb die Gasse hinunter war, änderte ich meinen Vorsatz: da ich doch einmal in Versailles bin, dacht' ich, könnte ich auch wohl die Stadt besehen; ich zog also die Schnur an, und befahl dem Kutscher durch einige Hauptgassen zu fahren... Ich denke, der Ort ist eben nicht sehr groß.... Der Kutscher bat um Verzeihung, daß er mich anders belehren müßte, und sagte mir, er wäre superbe, und viele von den vornehmsten Herzogen, Marquis und Grafen hätten hier Hotels... Der Graf de B * * * von welchem mir, den Abend vorher, der Buchhändler im Quai de Conti so viel schönes gesagt hatte, kam mir alsobald in den Sinn. Und warum, dacht' ich, sollte ich nicht zu dem Grafen de B * * * gehn, der eine so hohe Meynung von den Engländern und englischen Büchern hat, und ihm meine

Geschichte erzählen? Damit änderte ich meinen Vorsatz zum zweytenmale... In der That war es zum drittenmale, denn ich hatte mir vorgenommen, den Tag zu Madame de Rambouillet in Rue St. Pierre zu gehn, und hatte ihr, durch ihre Kammerjungfer, ehrfurchtsvoll melden lassen, daß ich sicher die Ehre haben würde, ihr meine Aufwartung zu machen... Aber mich regieren immer die Umstände... sie wollen sich ja nicht von mir regieren lassen: da ich also an der andern Seite der Gasse einen Mann stehen sah, der einen Korb hielt, als ob er was zu Kaufe hätte, so sagte ich zu La Fleur, er sollte zu ihm gehn, und sich nach dem Hotel des Grafen erkundigen.

La Fleur war ein wenig blaß, da er wieder kam; und sagte mir, es wäre ein Chevalier de St. Louis, welcher kleine Pasteten verkaufe... Es ist nicht möglich, La Fleur, sagt' ich... La Fleur konnte die Erscheinung eben so wenig erklären, als ich; er blieb aber

aber bey seiner Aussage; er hätte das in Gold gefaßte Kreuz, sagt' er, an seinem rothen Bande im Knopfloche hängen sehen... und hätte in den Korb geguckt, und die Pastetchen gesehn, welche der Chevalier verkaufte ... das könne ihn nicht trügen.

Ein solcher Unfall in dem Leben eines Mannes erregt eine bessere Empfindung, als Neugierde: ich konnte nicht umhin, ihn einige Zeit aus meiner Remise zu betrachten ... Je mehr ich ihn, sein Kreuz und seinen Korb ansah, je stärker drückten sie sich in mein Gehirn.... Ich stieg aus der Remise, und gieng auf ihn zu.

Er hatte eine reine Schürze von Leinewand vor, die ihm bis unter die Kniee gieng, mit einer Art von Latz der ihm halb an die Brust reichte; über diesem hieng das Kreuz, doch so, daß es unter den Saum fiel. Sein Korb mit Pastetchen war mit einer weissen Serviette bedeckt; eine andre von derselben
Gat=

Gattung, war über den Boden gebreitet, und alles sah so nett und reinlich aus, daß man ihm seine Pastetchen eben so gut aus Appetit als Gutherzigkeit abgekauft haben möchte.

Er bot sie aber keinem von beyden an; sondern stund damit ganz still an der Ecke eines Hotels, und verkaufte sie denen, welche sie unangerufen kaufen wollten.

Er war ungefähr acht und vierzig Jahr alt ... hatte einen gesetzten Blick, der sich ein wenig der Ernsthaftigkeit näherte. ... Mich nahm das nicht wunder. ... Ich gieng gleichsam mehr zu dem Korbe, als zu ihm, und nachdem ich die Serviette in die Höhe gehoben, und eine von seinen Pastetchen in die Hand genommen hatte, bat ich, er möchte mir doch die Erscheinung erklären, die mein Gemüth bewegte.

Er erzählte mir in wenigen Worten, daß er seine besten Jahre im Kriegsdienste zuge=
bracht,

bracht, in welchem er, nachdem er sein kleines Vermögen dabey zugesetzt, eine Compagnie und dabey das Kreuz erhalten hätte: da aber beym letzten Friedensschlusse sein Regiment eingegangen, und das ganze Corps, nebst verschiednen von etlichen andern Regimentern, ohne Versorgung geblieben; so habe er sich in der weiten Welt, ohne Freunde, ohne Geld ... und in der That, sagt' er, ohne das Geringste, bis auf dies ... (hier zeigte er auf sein Kreuz,) gefunden. ... Der arme Chevalier erwarb sich mein Mitleiden, und er endigte den Auftritt damit, daß er meine Hochachtung dazu gewann.

Der König, sagt' er, wäre der großmüthigste Prinz, aber seine Großmuth könnte weder allen helfen, noch jedweden belohnen, und es wäre bloß sein Unglück, daß er unter der Zahl sey. Er hätte ein kleines Weibchen, sagt' er, die er liebte, welche die Pastetchen bücke; und fügte hinzu, er hielt sichs für keine Schande, auf diese Art,

Art, sie und sich selbst vor dem äussersten Mangel zu schützen . . . die Vorsehung müßte ihm denn eine beßre zeigen.

Es wäre hartherzig, dem edelmüthigen Leser das Vergnügen vorzuenthalten, und das zu überschlagen, was dem armen Chevalier de St. Louis, ungefähr neun Monate nachher, begegnete.

Es scheint, daß er seinen Stand gewöhnlich nahe an der eisernen Pforte nahm, welche nach dem Pallaste führt, und da sein Kreuz vieler Menschen Augen auf sich gezogen, so hatten viele Menschen eben die Fragen an ihn gethan. Er hatte ihnen dieselbe Geschichte erzählt, und allemal mit so vieler Bescheidenheit und Vernunft, daß sie zuletzt vor die Ohren des Königs gelangt war. Da dieser hörte, daß der Chevalier als ein braver Officier gedient hätte, und von dem ganzen Regimente, als ein Mann von Ehre und Rechtschaffenheit hochgeschätzt worden sey:

sey: so legte er ihm seinen kleinen Handel durch eine jährliche Pension von funfzehn hundert Livres.

Da ich diese Begebenheit dem Leser zu gefallen erzählt habe: so bitte ich um die Erlaubniß, eine andre, ausser ihrer Ordnung, mir selbst zu gefallen, zu erzählen... Die beyden Geschichten verbreiten ein Licht über einander, und es wäre Schade, daß sie getrennt werden sollten.

Der Degen.
Rennes.

Da ganze Reiche und Staaten ihre Perioden des Verfalls haben, und sie die Reihe trifft zu fühlen, was Noth und Armuth ist . . . so verweile ich mich nicht bey den Ursachen und Zufällen, welche das Haus d'E*** in Bretagne nach und nach herunter brachten. Der Marquis d'E*** hatte mit großer Standhaftigkeit gegen seine Umstände angerungen, weil er wünschte, einige Ueberreste von dem, was seine Vorfahren gewesen, aufzubewahren, und sich auch der Welt zu zeigen... Sie hatten sich aber so viel gezeigt, daß Ers nicht konnte. Es war genug übrig für die kleinen Bedürfnisse der **Dunkelheit** .. aber er hatte zween Knaben, die riefen ihn an um **Licht**... Er glaubte, sie verdienten es ... Er hatte seinen Degen versucht ... der konnte ihm keinen Weg öffnen... das Steigen war mit so viel

viel Kosten verknüpft … und bloßes Sparen konnte solche nicht bestreiten … es blieb kein Mittel übrig, als der Handel.

In einer jeden andern französischen Provinz, als Bretagne, hieß dies auf ewig dem kleinen Baume die Wurzeln verdorren machen, welchen sein Stolz und seine väterliche Liebe wieder wünschte auf blühen zu sehn … Er machte sich aber den Umstand zu Nutze, daß in Bretagne dafür gesorgt ist; und bey der Gelegenheit, daß die Stände zu Rennes versammlet waren, gieng der Marquis, begleitet von seinen beyden Söhnen, zum Gerichtshofe, und nachdem er das Recht eines alten Gesetzes des Herzogthums für sich angeführt hatte, welches, wie er sagte, deswegen nicht weniger kräftig wäre, ob es gleich selten angerufen würde: so nahm er seinen Degen von der Seite … Da, sagt' er, nehmen Sie ihn in getreue Verwahrung, bis bessere Zeiten mich in den Stand setzen, ihn wieder zu begehren.

Der Präsident nahm den Degen des Marquis an . . . er blieb einige Minuten, um ihn in das Archiv seiner Familie niedergelegt zu sehn, und gieng weg.

Den folgenden Tag begab sich der Marquis mit allen den Seinigen auf ein Schiff nach Martinique, und nach ungefähr neunzehn oder zwanzig Jahren eines glücklichen Fleisses im Handel, nebst einigen unverhofften Erbschaften von weitläuftigen Verwandten . . . kam er zurück, seinen Adel zu reclamiren und zu unterstützen.

Durch einen sehr glücklichen Zufall, der keinem andern, als einem empfindsamen Reisenden zu begegnen pflegt, mußte ich zur Zeit dieser feyerlichen Requisition eben zu Rennes seyn. Ich nenne sie feyerlich . . . mir war sie's.

Der Marquis trat mit seiner ganzen Familie in den Audienzsaal; führte seine
Ge=

Gemahlinn, . . . sein ältester Sohn hatte seine Schwester an der Hand, und der jüngste gieng an dem andern Ende der Linie, bey seiner Mutter . . . Er hielt zweymal sein Schnupftuch vors Gesichte.

. . . Es herrschte ein tiefes Stillschweigen. Als sich der Marquis dem Tribunale bis auf sechs Schritte genähert hatte, gab er die Marquisinn seinem jüngsten Sohne, trat drei Schritte vor seiner Familie hervor . . . und reclamirte seinen Degen. Sein Degen ward ihm gegeben, und den Augenblick, da er ihn in die Hand bekommen hatte, zog er ihn fast ganz aus der Scheide . . . Es war das leuchtende Antlitz eines Freundes, den er einst für verlohren geachtet hatte. . . . Er betrachtete ihn sehr aufmerksam, von dem Knopf bis an die Spitze, gleichsam um zu sehen, obs auch derselbige wäre . . . Als er eines kleinen Rostfleckens gewahr ward, der sich nicht weit von der Spitze angesetzt hatte, hielt er ihn näher vor die Augen, und als er sich mit dem Kopfe darüber bückte, dünkte mich, eine Thräne auf die Stelle fallen zu sehen. Aus dem Folgenden erhellet, daß ich mich nicht geirret.

„Ich werde schon,„ sagt' er, „ein „anderes Mittel finden, ihn heraus „zu bringen.„

Als der Marquis dieses gesagt hatte, steckte er seinen Degen wieder in die Scheide, neigte sich gegen die, welche ihn auf bewahrt hatten ... und gieng mit seiner Gemahlinn und Tochter, und seinen beyden Söhnen, die ihm folgten, hinaus.

O, wie beneidete ich ihm seine Empfindungen!

Der Geleitsbrief.
Versailles.

Ich ward ohne Schwierigkeit bey dem Grafen de B*** vorgelassen. Shakespears Werke lagen auf dem Tische, und er war beschäftigt, darin zu blättern. Ich gieng nah an den Tisch, und nachdem ich vorher einen solchen Blick auf die Bücher geworfen hatte, woraus er verstehen konnte, daß ich wüßte, was sie wären, sagt' ich zu ihm, ich käme, ohne jemand zu haben, der mich einführte, weil ich wüßte, in seinem Zimmer einen Freund anzutreffen, der, wie ich nicht zweifelte, mir diesen Dienst leisten würde. . . . Es ist mein Landsmann, der große Shakespear, sagt' ich, und zeigte auf seine Werke... etayez la bonte, mon cher ami, setzt' ich hinzu, Shakespears Geist anredend, de me faire cet honneur là . . .

Der Graf lächelte über diese sonderbare Art von Einführung, und da er gewahr ward, daß ich ein wenig blaß und kränklich aussah, wollte er haben, daß ich einen Lehnstuhl nehmen sollte: also setzte ich mich, und ihm das Kopfbrechen über einen so ganz unregelmäßigen Besuch zu ersparen, erzählte ich ihm ohne Umschweif den Vorfall im Buchladen, und wie mich das angetrieben hätte, mich mit der Geschichte einer kleinen Verlegenheit, worin ich wäre, lieber an ihn, als sonst an jemand in Frankreich zu wenden....
Und was ist ihre Verlegenheit? Lassen Sie die mich hören, sagte der Graf. Damit erzählt' ich ihm die Geschichte, gerade so, wie ich sie dem Leser erzählt habe....

... Und der Wirth meines Hotels, sagt' ich, wie ich sie beschloß, will mit aller Gewalt, Monsieur le Comte, daß ich nach der Bastille soll ... aber ich fürchte mich nicht, fuhr ich fort ... denn, da ich in die Hände des gesittetsten Volkes von der Welt gefal=

gefallen, und überzeugt bin, daß ich ein ehrlicher Mann sey, der nicht gekommen ist, die Blöße des Landes auszuspähen, so habe ich kaum gedacht, daß ich von ihnen was zu besorgen hätte.... Es besteht nicht mit der französischen Tapferkeit, Monsieur le Comte, solche an Invaliden zu beweisen.

Eine lebhafte Röthe stieg auf die Wangen des Grafen de B***, als ich dies sagte... Ne craignez rien... fürchten Sie nichts, sagt' er... Das thu' ich auch nicht, versetzt' ich von neuem... überdem, fuhr ich in einem etwas scherzhaften Tone fort, habe ich den ganzen Weg über von London bis Paris gelacht, und ich denke nicht, daß Monsieur le Duc de Choiseul ein solcher Feind der Freude ist, daß er mich, mein Leid beweinend, zurück schicken sollte.

Warum ich mich, Monsieur le Comte de B*** (wobey ich mich ein wenig bückte)

an Sie wende, ist, ihn zu ersuchen, daß
ers nicht thun möge.

Der Graf hörte mich mit ungemeiner
Gütigkeit an, sonst hätt' ich nicht halb so
viel gesagt ... und ein paar mal wiederholt'
er: C'est bien dit ... Also ließ ichs dabey
beruhen ... und beschloß, nichts weiter
davon zu erwähnen.

Der Graf führte das Gespräch: wir re=
deten von gleichgültigen Sachen ... von
Büchern und Welthändeln, und Menschen ...
und dann vom Frauenzimmer ... Gott segne
sie alle! sagt' ich, nachdem viel davon ge=
sprochen worden; kein Mensch auf der Welt
liebt das Frauenzimmer so sehr als ich: nach
allen Schwachheiten, die ich von ihm gese=
hen, und nach allen Satyren, die ich dar=
auf gelesen habe, lieb' ichs doch noch immer
fort; und bin fest überzeugt, daß ein Mann,
der nicht eine Art von Zuneigung zum gan=
zen schönen Geschlechte hat, unfähig ist,
eine einzige zu lieben, wie es sich gebühre.

Hé bien Monsieur l'Anglois, sagte der Graf lachend, ... Sie sind nicht gekommen, die Blöße des Landes auszuspähen ... ich glaube Ihnen ... ni encore, darf ich behaupten, unsrer Weiber ihre ... Aber erlauben sie mir, zu vermuthen ... daß, wenn sie Ihnen par hazard in den Wurf kämen, sie den Prospekt nicht reizend finden würden.

Ich fühle etwas in mir, welches den Stoß der verstecktesten Zweydeutigkeit nicht ertragen kann. Im scherzhaftesten Geplauder hab' ich mich oft bestrebt, es zu überwinden, und mit unsäglicher Mühe hab' ich, gegen ein Dutzend Frauenzimmer beysammen, sehr viele Dinge gewagt ... davon ich nicht das Geringste gegen ein einzelnes wagen könnte, wenn ich auch das Leben damit zu gewinnen wüßte.

Verzeihen Sie, Monsieur le Comte, sagt' ich, ... Was die Blöße Ihres Landes betrifft, würde ich meine Augen darüber aufheben und weinen, wenn ich sie sähe ... und was
Ihrer

Ihrer Weiber ihre betrifft, (ich erröthete über die Idee, die er in mir rege gemacht hatte) so bin ich in diesem Punkte so evangelisch, und habe ein so menschliches Gefühl gegen alles, was sie schwaches an sich haben, daß ichs gerne bemänteln möchte, wenn ich nur wüßte, wie ichs angreifen sollte . . . Aber ich möchte wünschen, fuhr ich fort, die Blöße ihrer Herzen auszuspähen, und durch die verschiedenen Verkleidungen der Gebräuche, des Himmelstrichs, und der Religionen, auszufinden, was sie gutes an sich haben, um das meinige darnach zu bilden . . . und deswegen bin ich gekommen.

Aus dieser Ursache, Monsieur le Comte, fuhr ich fort, hab' ich weder den Palais royal . . . noch Luxembourg . . . noch die Façade des Louvre besehen . . . noch mich bemühet, die Verzeichnisse, die wir von Gemälden, Statuen und Kirchen haben, anzuschwellen . . . ich denke mir jedes schöne Wesen, als einen Tempel, in den ich lieber gehn, und wo ich die darin aufgehangenen Original=

nalgemälde und leichten Skizzen lieber betrachten möchte, als selbst die Verklärung vom Raphael.

Der Durst nach diesem, fuhr ich fort, eben so ungeduldig, als der, welcher die Brust des Raritätensammlers entzündet, hat mich von meiner Heymath nach Frankreich geführt, . . . und wird mich von Frankreich durch Italien führen . . . es ist eine ruhige Reise des Herzens, nach Natur und nach solchen Regungen, welche aus ihr entspringen, und uns treiben, einander zu lieben . . . ja die ganze Welt, mehr, als wir pflegen.

Der Graf sagte mir hierüber allerley Höflichkeiten, und setzte sehr verbindlich hinzu, wie sehr er Shakespear verbunden wäre, daß er mich ihm bekannt gemacht hätte. . . . Aber, à propos, sagt' er, Shakespear ist voll von großen Dingen . . . Er hat die geringe Kleinigkeit vergessen, mir ihren Namen zu nennen. Das setzt Sie in die Nothwendigkeit, es selbst zu thun.

Der

Der Geleitsbrief.
Paris.

Nichts in der Welt macht mir mehr zu schaffen, als wie ichs angreifen soll, jemanden zu sagen, wer ich bin... Denn man soll schwerlich einen Menschen finden, den ich nicht besser beschreiben kann, als mich selbst; ich habe oft gewünscht, ich könnt' es thun mit Einem Wort... und damit aus. Dieses war das einzigemal, und die einzige Gelegenheit in meinem Leben, da ich das auf eine gute Art thun konnte... denn Shakespear lag auf dem Tische; ich erinnerte mich, daß ich in dem Buche stünde; ich nahm also den Theil in die Hand, und schlug im Hamlet den Todtengräber-Auftrit im fünften Akte auf, legte meinen Finger unter Yorick, und indem ich dem Grafen das Buch vorhielt, und den Finger bey dem Namen fest liegen ließ, sagt ich... Me voici!

Ob nun die Idee von des armen Yoricks Schedel, durch die Wirklichkeit des meinigen, dem

dem Grafen aus dem Gedächtniſſe gekommen, oder durch was für eine Magie er einen Zeitraum von ſieben bis achthundert Jahren überhüpfen konnte, das thut hier nichts zur Sache ... Es iſt gewiß, daß die Franzoſen leichter begreifen, als Begriffe mit einander verbinden.... Ich wundre mich über nichts in der Welt, am wenigſten hierüber; um deſto weniger, da einer der Vornehmſten von unſrer eignen Kirche, für deſſen Rechtſchaffenheit und väterliche Geſinnungen ich die höchſte Ehrfurcht hege, in eben dem Falle, in eben denſelben Irrthum gerieth.

... „Er könnt' es nicht übers Herze bringen,, ſagt' er, „Predigten zu leſen, welche „des Königs von Dännemark Hofnarr ge=„ſchrieben hätte.,, Gut Mylord! ſagt' ich ... es giebt aber zween Yoricks. Der Yorick, an den Ew. Hochwürden denken, iſt ſchon vor achthundert Jahren geſtorben und begraben; er florirte an Horwendillus Hofe... der andre Yorick bin ich ſelbſt, Mylord, welcher

welcher an keinem Hofe florirt hat. ... Er
schüttelte den Kopf ... Gütiger Himmel!
sagt' ich, Sie könnten eben so leicht Alexander
den Grossen mit Alexander dem Kupfer=
schmiede verwechseln, Mylord! ... Es wäre
alles einerley, versetzte er ...

... Wenn Alexander, der König von
Macedonien, Ew. Hochwürden hätte ver=
setzen können, sagt' ich, so bin ich sicher,
Ew. Hochwürden würden nicht so gesprochen
haben.

Der arme Graf de B * * * fiel bloß in
eben den Irrthum. ...

... Et, Monsieur, est-il Yorick?
rief der Graf. ... Je le suis, sagt' ich. ...
Vous? ... Moi-même, qui ai l'honneur
de vous parler, Monsieur le Comte. ...
Mon Dieu! sagt' er, und umarmte mich.
Vous étes Yorick!

Der Graf steckte auf der Stelle den
Shakespear in die Tasche, und ließ mich
alleine in seinem Zimmer.

Der

Der Geleitsbrief.
Versailles.

Ich konnte nicht begreifen, warum der Graf de B * * * so plötzlich aus dem Zimmer gegangen war, so wenig, als ich begreifen konnte, warum er den Shakespear zu sich gesteckt hatte.... Geheimnisse, welche sich selbst entwickeln müssen, sind der Zeit nicht werth, welche das Grübeln darüber wegnimmt: es war besser, im Shakespear zu lesen; damit schlug ich auf, „viel Lermens um Nichts,„ versetzte mich augenblicklich aus dem Lehnstuhle, worin ich saß, nach Meßina in Sicilien, und ward so geschäftig mit Don Pedro, Benedict und Beatrix, daß ich weder an Versailles, noch an den Grafen, noch an den Geleitsbrief dachte.

Glückliche Biegsamkeit des menschlichen Geistes, die sich auf einmal solchen Täuscheschereyen überlaſſen kann, welche der Erwartung und dem Gram ihre langwierigen Augenblicke aus den Händen ſpielen. . . . Lange, . . . lange ſchon hättet ihr meine Tage aufſummirt, wenn ich nicht einen groſſen Theil davon auf dieſem bezauberten Boden hingewandelt hätte.

Wenn mein Weg zu höckeriſch für meine Füſſe, oder zu steil für meine Kräfte iſt, so geh' ich davon zu irgend einem ebenen ſammtnem Pfade, welchen die Phantaſie mit Roſenknoſpen des Vergnügens überſtreut hat; und wann ich eine kleine Weile darauf fort gewandelt bin, komm' ich geſtärkt und erfriſcht zurück . . . Wenn die Widerwärtigkeiten auf mich eindringen, und ich keinen Schutzort auf dieſer Welt finden kann, so wähl ich einen neuen Weg . . . Ich verlaſſe ſie . . . und weil ich eine deutlichere Idee von den Eliſäiſchen Feldern habe, als vom Himmel, so dränge ich mich da hinein, gleich dem Aeneas. . . . Ich ſeh ihn, dem gedan=

dankenvollen Schatten seiner verlassenen Dido begegnen ... und wie er wünscht, mit ihr zu reden ... Ich sehe die beleidigte Königinn, wie sie den Kopf schüttelt, und stillschweigend den Urheber ihres Jammers und ihrer Schande verläßt ... Das Gefühl meiner eignen Leiden verliert sich in den ihrigen ... und in den Empfindnissen, welche mich schon gewöhnlich um sie bekümmert machten, als ich noch auf Schulen war.

Fürwahr, dies heißt nicht, in einem eitlen Schatten wandeln ... Noch sind hierüber die Unruhen des Menschen EJTEL ... Es ist öfters so, wenn er sich wegen des Ausgangs seines innerlichen Aufruhrs allein auf die Vernunft verläßt. Ich kann von mir mit Wahrheit sagen, ich war niemals vermögend, eine einzige böse Empfindung in meinem Herzen so völlig zu besiegen, als wenn ich, sobald als möglich, irgend eine andere gutartige und sanfte Empfindung zu Hülfe rufte, um sie auf ihrem eignen Grund und Boden zu schlagen.

Als ich mit dem dritten Akte zu Ende war, trat der Graf von B*** ins Zimmer, mit meinem Geleitsbriefe in der Hand. Ich versichere Sie, Monsieur le Duc de Choiseul, sagte der Graf, ist ein so guter Prophet, als es Staatsmann ist... Un homme qui rit, sagte der Duc, ne sera jamais dangereux.... Wär' es für jemand anders gewesen, als für den königlichen Hoffspaßmacher, fügte der Graf hinzu, ich hätt' ihn noch in zwo Stunden nicht erhalten... Pardonnez-moi, Monsieur le Comte, sagt' ich... Ich bin nicht königlicher Hoffspaßmacher... Sie sind doch wohl Yorick?... Ja... Et vous plaisantez?... Ich antwortete, ich machte freylich Spaß... ich würde aber nicht dafür bezahlt... es wäre gänzlich auf meine Kosten.

Wir haben keinen Spaßmacher am Hofe, Monsieur le Comte, sagt' ich, der letzte, den wir hatten, war unter der zügellosen Regierung Carls des zweyten.... Seitdem

dem haben sich unsre Sitten so stufenweise verfeinert, daß gegenwärtig unser Hof so voller Patrioten ist, welche n i ch t s wün=
schen, als die Ehre und den Reichthum ihres Vaterlandes . . . und unsere Damen sind alle so keusch, so rein, so gut, so andäch=
tig . . . daß nichts da ist, woraus ein Spaßmacher einen Spaß machen könnte.

Voila un persiflage! rief der Graf.

Der Geleitsbrief.
Versailles.

Der Geleitsbrief war gerichtet an alle Gouverneurs, Gouverneurlieutenants und Commandanten von Städten, Generale von Armeen, Richter und alle Gerichtsbeamte: den Herrn **Yorick**, königlichen Hofspaßmacher, mit seiner Bagage, frey und ungehindert paß = et repassiren zu lassen. ... Ich gestehe, der Triumph über die Erhaltung des Geleites, ward nicht wenig durch die Figur verdunkelt, die ich darin machte ... Aber in der Welt ist nichts ohne Vermischung; und einige von unsern ernsthaftesten Theologen sind so weit gegangen, zu behaupten, daß selbst der Genuß mit einem Seufzer begleitet sey ... und daß der höchste, **den sie kennten**, sich, **gewöhnlicher Weise**, mit wenig besserm, als einer Convulsion endige.

Ich erinnere mich, daß der hoch= und wohlgelahrte Bevoriskius, in seinem Commentar über die Geschlechter der Menschen von Adam an, mitten in einer Note sehr natürlich abbricht, um der Welt Nachricht von einem Paar Sperlinge zu geben, welche sich draussen an seinen Fensterramen gesetzt, und ihn immer in seinem Schreiben gestört, und zuletzt von seiner Genealogie gänzlich abgebracht hatten. „Es ist wun=
„derbar!„ schreibt Bevoriskius; „die Sa=
„che hat aber ihre Richtigkeit, denn ich bin
„so neugierig gewesen, jedesmal einen Strich
„mit der Feder anzuzeichnen ... Während
„der kurzen Zeit, daß ich die andre Hälfte
„dieser Note hätte ausschreiben können, hat
„mich das Männchen wirklich drey und zwan=
„zig und ein halb mal, durch seine wieder=
„holten Liebkosungen gestört.„

„Wie liebreich,„ fährt Bevoriskius fort,
„ist doch der Himmel gegen seine Geschöpfe!„

Unglücklicher Yorick! daß der ernsthafteste von deinen Amtsbrüdern so etwas für die Welt schreiben muß, welches dein Gesicht mit Purpur färbt, da du es bloß in deiner Studierstube abschreibst.

Dies hat aber mit meinen Reisen nichts zu schaffen. . . . Doch wenn ich nur zweymal . . . zweymal um Vergebung bitte, so werde ich Nachsicht finden.

Charakter.

Versailles.

Und wie gefallen Ihnen die Franzosen? sagte der Graf de B * * * nachdem er mir den Geleitsbrief zugestellet hatte.

Der Leser kann leicht denken, daß es mir nach einer so verbindlichen Probe von seiner Gefälligkeit, nicht schwer fallen mußte, etwas schmeichelhaftes auf seine Frage zu antworten.

… Mais passe, pour cela … reden Sie offenherzig, sagt' er, finden Sie bey der Nation alle die Urbanität, wovon wir in der Welt den Ruhm haben? … Ich hätte, sagt' ich, nichts gefunden, als was ihn bestätigte … Vraiment, sagte der der Graf … Les François sont polis. … Bis zum Exceß, sagt' ich.

Der Graf faßte das Wort Exceß auf, und wollte behaupten, ich meynte mehr, als ich sagte. Ich vertheidigte mich eine lange Weile, so gut ich konnte ... Er bestund darauf, ich hielte hinterm Berge, ich sollte meine Meynung frey heraus sagen.

Ich glaube, Monsieur le Comte, sagt' ich, daß der Mensch, so gut als ein Clavier, oder ein Oboe, seine abgemeßne Höhe und Tiefe hat; und daß sowohl das gesellige, als andre Concerte, zuweilen alle ihre Töne gebrauchen: dergestalt, daß wenn man in diesem Falle einen Ton hinauf oder herunter transponirt, nothwendig, entweder unten oder oben einer fehlen muß, um den Gesang in seiner wahren Octave vorzutragen. ... Der Graf de B*** verstand nichts von der Musik, er verlangte also, ich möchte mich auf eine andere Art erklären. Eine polirte Nation, mein lieber Herr Graf, sagt' ich, legt einem jeden Verbindlichkeiten auf; und überdem hat die Urbanität selbst,
gleich

gleich dem schönen Geschlechte, so viele
Reizungen, daß man es nicht übers Herz
bringen kann, zu sagen, sie könne schädlich
werden. Und dennoch, glaub' ich, giebt
es nur Eine gewisse Linie der Vollkommen=
heit, wohin es dem Menschen insgemein
zu reichen gegeben ist ... Ueberschreitet er
diese, so verwechselt er vielmehr seine Voll=
kommenheiten, als daß er welche erwirbt.
Ich unterstehe mich nicht, zu sagen, in wie
fern sich dieses, in Ansehung des Punctes,
wovon wir sprechen, auf die Franzosen an=
wenden läßt. ... Sollte es aber jemals der
Fall der Engländer werden, daß sie, in
der Fortschreitung ihrer Raffinements, zu
derselben Politur gelangten, welche die
Franzosen auszeichnet, so würden wir,
wenn wir auch nicht die Politesse des Herzens
verlören, welche den Menschen mehr zu
menschenfreundlichen, als höflichen Hand=
lungen geneigt macht, doch wenigstens jene
deutliche Abänderung und Eigenthümlichkeit
der Charakter verlieren, welche sie nicht nur

unter

unter einander, sondern von der ganzen übrigen Welt unterscheidet.

Ich hatte einige Stücke Geld, die noch zu König Wilhelms Zeiten geschlagen, und so glatt wie Glas waren, in der Tasche. Ich sah vorher, sie würden mir bey der Erklärung meiner Hypothese zu statten kommen, und hatte sie also, da ich bis hierher gekommen war, in die Hand genommen ...

Sehen Sie, Herr Graf, sagt' ich, indem ich aufstund, und sie vor ihm auf den Tisch legte ... dadurch, daß sie seit siebenzig Jahren, da sie aus einer Tasche in die andre gegangen sind, sich an einander gescheuert und gerieben haben, sind sie einander dergestalt ähnlich geworden, daß Sie kaum ein Stück von dem andern unterscheiden können. Die Engländer, gleich den alten Schaustücken, welche man beyseite legt, und die durch wenig Hände gehen, behalten die erste Schär=

Schärfe, welche ihnen die feine Hand der Natur gegeben hat ... sie sind nicht so sanft anzufühlen ... dagegen aber ist das Gepräge so sichtbar, daß man mit dem ersten Blicke erkennt, wessen das Bild und die Ueberschrift ist.

... Doch, Monsieur le Comte, fügt' ich hinzu, indem ich das, was ich gesagt, zu mildern wünschte, die Franzosen haben so viele vortreffliche Eigenschaften, daß sie dieser desto eher entbehren können. ... Sie sind eine so treue, tapfre, großmüthige, geistreiche, und aufgeräumte Nation, als nur eine unter dem Himmel zu finden ist ... Wenn sie einen Fehler haben, so ist es der ... sie sind zu ernsthaft.

Mon dieu! schrie der Graf, und sprang vom Stuhl auf.

Mais vous plaisantez, sagt' er, und milderte seine Ausrufung. ... Ich legte meine Hand auf meine Brust, und versicherte ihn

mit

mit gesetztem Ernste, es wäre meine völlige Meynung.

Der Graf sagte, es thäte ihm leid, daß er nicht Zeit hätte, meine Gründe zu hören, weil er den Augenblick genöthiget wäre, weg zu gehn, um bey dem Duc de Choiseul zu speisen.

Wenn es Ihnen aber nicht zu weit ist, nach Versailles zu kommen, eine Suppe mit mir zu essen, so bitt' ich, daß ich, bevor Sie Frankreich verlassen, das Vergnügen habe, zu erfahren, wie Sie ihre Meynung zurück nehmen ... oder, wie Sie es anfangen wollen, sie zu behaupten. ... Aber, wenn Sie sie behaupten, Monsieur l'Anglois, sagt' er, so müssen Sie es ja mit allen möglichen Gründen thun, weil Sie die ganze Welt gegen sich haben. ... Ich versprach dem Grafen, ich würde mir die Ehre geben, ihm bey Tische aufzuwarten, eh' ich Frankreich verliesse. ... Damit nahm ich Abschied.

Die

Die Versuchung.
Paris.

Als ich vor dem Hotel ausstieg, sagte mir der Aufwärter, daß eben ein junges Frauenzimmer mit einem Handkörbchen, nach mir gefragt hätte.... Ich weis nicht, sagte der Aufwärter, ob sie schon wieder weg ist, oder nicht. Ich ließ mir von ihm den Schlüssel zum Zimmer geben, und stieg die Treppen hinauf; und als ich bis auf zehn Stufen zu meinem Vorplatze gekommen war, begegnete ich ihr, als sie gleich herunter gehen wollte.

Es war die hübsche Kammerjungfer, mit der ich über den Quai de Conti gegangen. Madame de Rambouillet hatte sie nach einer Putzkrämerinn geschickt, die nahe am Hotel de Modene wohnte, und da ich nicht gekommen war, sie zu besuchen, hatte sie ihr befohlen, sich zu erkundigen, ob ich Paris schon wieder verlassen, und wenn das, ob ich

ich nicht einen Brief an sie zurück gelassen hätte?

Da die hübsche Kammerjungfer so nahe bey meiner Thüre war, kehrte sie mit zurück, und gieng auf ein Paar Augenblicke, indeß ich eine Karte schreiben wollte, mit in mein Zimmer.

Es war ein stiller, heiterer Abend, am Ende des Monats May ... die rothen Fenstergardienen, (mit den Vorhängen des Bettes von einer Farbe,) waren zugezogen ... die Sonne neigte sich, und warf dadurch eine so warme Dinte auf die Wangen des hübschen Kammermädchens, daß ich dachte, sie eröthete ... der Gedanke jagte mir selbst eine Röthe ab ... wir waren ganz allein; und dieses brachte mir eine zweyte Röthe ins Gesicht, ehe noch die erste Zeit gehabt hatte, zu verfliegen.

Es giebt eine Art von angenehmem, halb schuldigem Erröthen, wobey das Blut mehr

Schuld

Schuld hat, als der Mensch ... Es wird mit Heftigkeit vom Herzen abgesendet, und die Tugend fliegt hinterher .. nicht, um es zurück zu rufen, sondern die Empfindungen, die es verursacht, den Nerven noch angeneh=
mer zu machen ... Sie gesellt sich damit.

... Aber ... ich will es nicht beschrei=
ben. Ich fühlte Anfangs etwas in mir, welches mit den Lehren der Tugend, die ich ihr den vorigen Abend gegeben hatte, nicht völlig einträchtig war. ... Ich suchte fünf Minuten nach einer Karte ... Ich wußte, ich hätte keine ... Ich ergriff eine Feder ... legte sie wieder nieder ... die Hand zit=
terte mir ... Der Satan war in mich gefahren.

Ich weis so gut als ein anderer, daß er ein Widersacher ist, welcher, wenn wir widerstehen, von uns fleucht ... Aber ich thu' ihm selten den geringsten Widerstand; aus Angst, daß, ob ich gleich siegte, mich doch der Kampf Wunden kosten möchte ... Ich gebe also den Triumph gegen die Sicherheit auf; und anstatt darauf zu denken, ihn in die Flucht zu schlagen, flieh ich die meiste Zeit lieber selbst.

Das hübsche Kammermädchen kam zu dem Schreibepulte, wo ich nach der Karte suchte ... nahm erst die Feder auf, die ich niedergeworfen, dann wollte sie mir das Dintefaß halten: Sie that es mit einer so reizenden Art, daß ichs bald angenommen hätte ... Aber ich wagte es nicht ... Mein Kind, ich habe nichts, worauf ich schreiben kann, sagt' ich ... O, sagt' sie ganz unschuldig, schreiben Sie, worauf Sie wollen. ...

Ich wollte eben ausrufen: So will ichs, schönes Mägdchen! auf deine Lippen schreiben.

Ich bin verloren, wenn ichs thue, sagt ich ... Ich nahm sie also bey der Hand, und

und führte sie zur Thüre, und bat, sie möchte die Ermahnung nicht vergessen, die ich ihr gegeben hätte ... Sie sagte, das wollte sie sicher nicht ... und da sie das etwas ernsthaft sagte, wandte sie sich, und gab mir ihre zusammengeschlagenen Hände in die meinigen ... Es war unmöglich, solche in der Lage nicht zu drücken ... Ich wünschte, sie loszulassen, und die ganze Zeit über, da ich sie hielt, predigte ich mir selbst dagegen ... und doch hielt ich sie getrost weg ... In zwo Minuten fand ich, daß ich den ganzen Kampf von neuem zu kämpfen hatte ... und ich fand, daß alle mein Gebein vor dem Gedanken erzitterte.

Der Fuß des Bettes war von dem Orte, wo wir stunden, anderthalb Schritte entfernt ... Ich hielt noch immer ihre Hände ... und wie es zugieng? vermag ich nicht zu sagen, aber ich bat sie nicht ... zog sie nicht ... dachte auch nicht auf das Bette ... aber auf einmal wars geschehen, und wir saßen beyde.

Ich

Ich will Ihnen nun auch den kleinen Beutel zeigen, sagte die hübsche Kammerjungfer, den ich mir heute zu Ihrer Krone gemacht habe. Damit griff sie mit der Hand in ihre rechte Tasche, an meiner Seite, und suchte einige Zeit darnach ... dann in der linken ... „Sie hatt' ihn verloren„ ... Ich habe niemals mit mehr Ruhe gewartet ... endlich fand er sich noch in ihrer rechten Tasche ... Sie zog ihn heraus; er war von grünem Taffent mit weissem Atlas gefüttert und eingefaßt, und eben groß genug für die Krone. ... Sie gab ihn mir in die Hand ... er war artig; ich hielt ihn zehn Minuten in der Hand, die ich verkehrt auf ihrem Schooße liegen hatte ... und sah zuweilen auf den Beutel, zuweilen nach der einen Seite ...

Es waren an den Falten meines Hemdekragens ein oder ein Paar Stiche losgegangen ... Die hübsche Kammerjungfer zog, ohne ein Wort zu sagen, ihr kleines Nähzeug heraus, fädelte eine kleine Nadel ein, und

und nähete es zu ... Ich sah vorher, es würde den Ruhm des Sieges aufs Spiel setzen; und so wie sie stillschweigend mit der Hand, beym Nähen, um meinen Nacken hin und her fuhr, fühlte ich, daß der Lorbeer, den die Phantasie um meine Schläfe gewunden, abzufallen drohte.

Ihr war im Gehen ein Schuhriemen losgegangen, und die Schnalle wollte eben ausfallen ... Sieh! sagte die Kammerjungfer, und hielt den Fuß in die Höhe ... Ich konnts für mein Leben nicht lassen; ich mußte ihr aus Dankbarkeit die Schnalle fest machen, und den Riemen durchziehen. ... Und als ich, da ich damit fertig war, den andern Fuß mit aufhob, um zu sehen, ob an dem nicht auch etwas los sey ... mochte ichs zu plötzlich thun ... es brachte die schöne Kammerjungfer unvermeidlich aus ihrem Gleichgewicht ... und darauf ...

Der Sieg.

Ja ... und darauf ... Ihr, deren eiskalte Köpfe und lauwarme Herzen eure Leidenschaften niederpredigen oder verlarven können, sagt mir, was für ein Verbrechen ist es, daß der Mensch welche hat? oder was sein Geist bey dem Vater der Geister zu verantworten hat, als wie er dagegen gestritten?

Wenn die Natur das Gewebe der zärtlichen Empfindungen so gewebt hat, daß einige Fäden von Liebe und Verlangen mit durch das Stück laufen, muß denn die ganze Webe deswegen zerrissen werden, um sie heraus zu ziehen? ... Gieb, großer Beherrscher der Natur! gieb solchen Stoikern die Ruthe! sagt' ich bey mir selbst ... Wohin deine Vorsehung mich stellen mag, meine Tugend zu prüfen ... wie groß meine Gefahr ... wie schlüpfrig die Umstände seyn mögen ... laß mich die Regungen empfinden, die daraus entspringen, und welche mir zukom=

kommen, als einem Manne: und wenn ich solche als ein Rechtschaffener regiere, so will ich den Ausgang deiner Gerechtigkeit überlassen ... denn du hast uns gemacht, und nicht wir selbst.

Als ich diese Anrede geendigt, hob ich das schöne Kammermädchen bey der Hand auf, und führte sie aus dem Zimmer.... Sie stund so lange bey mir, bis ich die Thüre verschlossen, und den Schlüssel zu mir gesteckt hatte, ... und darauf ... weil der Sieg völlig entschieden ... und nicht eher, drückte ich meine Lippen auf ihre Wange, nahm sie wieder bey der Hand, und begleitete sie bis an die Hausthüre.

Das Geheimniß.
Paris.

Wer nur etwas vom Herzen versteht, wird einsehen, daß mirs unmöglich war, sogleich wieder nach meiner Stube zu gehen.... Das hieße, nach einer sehr pathetischen Arie ein Murquy spielen wollen.... Also, nachdem ich die Hand des schönen Kammermädchens losgelassen, blieb ich einige Zeit an der Thüre des Hotels stehen, besah einen jeden der vorbey gieng, und machte darüber meine Betrachtungen, bis ein einzelner Gegenstand meine Aufmerksamkeit auf sich zog, worüber ich mir vergebens den Kopf zerbrach.

Es war eine lang Figur, mit einer philosophisch-ernsthaften finstern Miene, welche die Gasse langsam auf und nieder gieng, und nach funfzig oder sechzig Schritten an jeder Seite des Hotels wieder umkehrte...

Der

Der Mann war ungefähr zwey und funfzig Jahr alt ... hielt ein kleines Rohr unterm Arme ... Er trug einen dunkelgrauen Rock, Weste und Beinkleider, welche schon einige Jahre Dienste gethan zu haben schienen... Sie waren noch nicht schmutzig, und sein ganzer Anzug hatte das Ansehen einer sparsamen Reinlichkeit.

Aus seinem Hutabziehen, und aus der Stellung, womit er verschiedene auf seinem Wege anredete, ersah ich, daß er Allmosen bat; ich nahm also ein Paar Sous aus der Tasche, die ich ihm geben wollte, wenn er mich anspräche ... Er gieng mich vorbey, ohne was zu begehren ... Und doch gieng er kaum fünf Schritte weiter, als er eine kleine Frau anredete. ... Es war sehr wahrscheinlich, daß ich mehr gegeben haben würde, als sie ... Kaum war er mit dieser Frau fertig, als er vor einer andern, die eben den Weg kam, den Huth abzog ... Ein alter wohlgekleideter Mann kam langsam ... und nach ihm ein junger lebhafter Mensch

Mensch . . . Er ließ sie beyde vorüber gehn, und begehrte nichts. Ich gab eine halbe Stunde lang auf ihn Achtung, in welcher Zeit er ein Dutzendmal auf= und niedergieng, und ich bemerkte, daß er unabläßig seinem Plane folgte.

Zwey Dinge kamen mir hiebey so sonder= bar vor, daß sie mein Gehirn in Arbeit setz= ten, aber ganz vergebens . . . Das erste war, warum der Mann seine Historie nur dem Frauenzimmer erzählte . . . und zwey= tens, was es für eine Historie, und was für eine Art Beredsamkeit es seyn könnte, wel= che die Herzen des Frauenzimmers erweichte, und wovon er wüßte, sie würden auf die Herzen der Männer keine Wirkung thun.

Es waren noch zween Umstände, welche das Geheimniß verwickelten . . . der eine war, er sagte jedem Frauenzimmer, was er ihr zu sagen hatte, ins Ohr, und mit einer Art, die mehr das Ansehen eines Ge= heimnisses, als einer Bitte hatte. . . . Der andre, daß es ihm allemal gelung. . . . Er
hielt

hielt niemals ein Frauenzimmer an, oder sie zog ihren Beutel heraus, und gab ihm alsobald etwas.

Ich konnte kein System formiren, woraus ich dieses Phänomenon hätte erklären können.

Ich hatte ein Räthsel aufbekommen, womit ich mich den übrigen Abend beschäftigen konnte, ich gieng also hinauf in mein Zimmer.

Der Gewissensfall.

Paris.

Der Herr des Hotels folgte mir auf dem Fuſſe nach, ins Zimmer, und ſagte mir, ich müßte mich nach einem andern Logis umſehen.... Ey, wie ſo, mein Freund? ſagt' ich.... Er antwortete: ich hätte mich den Nachmittag mit einem jungen Frauenzimmer zwo Stunden in meiner Kammer verſchloſſen gehabt, das wäre gegen die Regeln ſeines Hauſes.... Gut, gut! ſagt' ich, wir wollen als Freunde aus einander gehn ... denn das Mädchen iſt nichts ſchlimmer... und ich bin nichts ſchlimmer... und auch Sie werden gerade ſo bleiben, als ich Sie gefunden habe.... Es wäre hinlänglich ſeinem Hotel allen Credit zu nehmen.... Voyez vous, Monſieur, ſagte er, und zeigte nach dem Fuße des Bettes, wo wir geſeſſen hatten.... Ich geſteh', es hatte einigen Schein vom Beweiſe; da ich aber zu

ſtolz

stolz war, mich mit ihm in eine Untersuchung der Sache einzulassen: so ermahnte ich ihn, seine Seele in Frieden ruhen zu lassen, wie ichs mit der meinigen auf diese Nacht beschlossen hätte, und daß ich Morgen beym Frühstück bezahlen wollte, was ich ihm schuldig wäre.

Ich würde kein Wort drum fallen lassen, Monsieur, sagt' er, hätten Sie auch zwanzig Mädchen gehabt.... Das ist eine Steige mehr, versetzte ich, als ich jemals zu haben Willens bin... Wenns nur, fügt' er hinzu, des Morgens gewesen wäre ... Und macht denn in Paris der Unterschied in den Tageszeiten einen Unterschied in der Sünde? ... Es machte einen Unterschied, sagte er, im Aergerniß ... Eine gute Distinction mag ich herzlich gern leiden, und ich kann nicht sagen, daß ich sehr böse auf den Mann gewesen wäre.... Ich gestehe, es ist nothwendig, nahm der Herr des Hotels das Wort wieder, daß einem Fremden zu Paris die

Gelegenheit verschafft wird, um Spitzen, seidene Strümpfe, Manschetten, & tout cela zu kaufen ... Es ist nichts Böses dabey, wenn ein Frauenzimmer mit einem Bandkorbe kömmt. ... Auf meine Ehre, sagt' ich, sie hatte einen, ich hab' aber nicht hinein gesehn ... Also, sagt' er, haben Monsieur nichts gekauft? ... Nicht für einen Heller, versetzte ich ... Weil, sagt' er, ich Ihnen eine empfehlen kann, die mit Ihnen en conscience handeln wird. ... Ich muß sie aber noch diesen Abend sehen, erwiederte ich. ... Er machte mir einen tiefen Bückling, und gieng hinunter.

Nun will ich über den Mann triumphiren, rief ich aus. ... Und dann? dann will ich ihn merken lassen, daß ich weis, was er für ein schlechter Kerl ist ... Und dann? ... dann! ... Ich fühlte mein Ich zu sehr, um zu sagen, es geschähe um Andrer willen. ... Es blieb mir keine gute Antwort übrig ... Es war mehr Galle als Grundsätze

sätze in meinem Projekte, und ich ward seiner müde vor der Ausführung.

In etlichen Minuten kam das Nymphchen mit ihrem Korbe mit Spitzen herein... Indessen will ich doch nichts kaufen, sagt' ich bey mir selbst.

Das Mädchen wollte mir alles zeigen... Mir wollte nichts anstehn: Sie that, als obs sie's nicht merkte; Sie öffnete ihr kleines Magazin, und kramte alle ihre Spitzen neben einander vor mir aus... Wickelte sie ab und wieder auf, ein Stück nach dem andern, mit der geduldigsten Freundlichkeit... Ich möchte kaufen... oder nicht... Ich möchte nur bieten, was ich wollte.... Das arme Ding schien gar zu gern etwas lösen zu wollen: und legte es drauf an, mich zu gewinnen, und nicht so wohl auf eine Art, die erkünstelt schien, als mit einer, die, wie ich fühlte, unschuldig und schmeichelnd war.

Wehe dem Manne, dem man niemals einen Vortheil abjagen kann! Mein Herz gab nach, und ich ließ meinen zweyten Vorsatz eben so ruhig fahren, als den ersten... Warum sollte ich jemand, wegen der Verbrechen eines andern, bestrafen?... Wenn du diesem Tyrannen vom Wirthe zinsbar bist, dacht' ich, und sah' ihr ins Gesichte: so ist dein Brod um desto saurer.

Hätt' ich auch nicht mehr als vier Louisd'ors im Beutel gehabt, so hätte ich doch nicht eher aufstehn, und ihr die Thüre weisen können, bis ich erst drey davon für ein Paar Manschetten angelegt hätte.

Der Herr des Hotels wird den Profit mit ihr theilen... Mag er doch!... Denn ich habe nur bezahlt, was mancher arme Tropf vor mir für eine Handlung b e z a h l t hat, die er nicht begehn, noch drauf denken k o n n t e.

Das

Das Räthsel.
Paris.

Als La Fleur herauf kam, mir bey Tische aufzuwarten, sagt' er mir, wie sehr leid es dem Herrn des Hotels thäte, daß er mich beleidigt, und mir das Logis aufgekündigt hätte.

Ein Mann, der eine gute Nachtruhe zu schätzen weiß, wird sich mit keiner Feindschaft im Herzen nieder legen, wenn ers ändern kann.... Also befahl ich La Fleur, dem Herrn des Hotels zu sagen, es thäte mir meiner Seits leid, daß ich ihm Gelegenheit dazu gegeben hätte. ... Und, wenn Er will, La Fleur, setzte ich hinzu, mag Er ihm sagen, daß ich das junge Frauenzimmer nicht wieder sprechen werde, wenn sie auch wieder käme.

Dieses war ein Opfer, das ich nicht sowohl ihm, als mir selbst, machte, denn, nachdem ich einmal so mit genauer Noth entkommen, war ich entschlossen, mich nicht weiter in Gefahr zu setzen, sondern, wenns möglich, Paris mit aller der Tugend zu verlassen, die ich hineingebracht hatte.

C'est deroger à la noblesse, Monsieur, sagte La Fleur, und bückte sich dabey bis zur Erden.... Et encore, Monsieur, sagt' er, können Ihren Sinn ändern,... und wenn (par hazard) Monsieur sich amüsiren wollten... Ich finde aber kein Amusement darin, sagt' ich, ohn ihn ausreden zu lassen....

Mon Dieu! sagte La Fleur,... und nahm ab.

Eine Stunde hernach kam er, mich zu Bette zu bringen, und war ungewöhnlich dienstfertig.... Es schwebte ihm was auf der Zunge, was er mir sagen, oder mich fragen möchte, welches nicht heraus wollte...
Ich

Ich konnte nicht errathen, was es seyn möchte, und gab mir auch in der That wenige Mühe, es ausfindig zu machen, weil ich ein andres viel wichtigeres Räthsel im Kopfe hatte; nemlich das von dem Manne, der vor der Thüre des Hotels um Allmosen bat.... Ich hätte, ich weis nicht was, drum gegeben, wenn ich auf den Grund der Sache hätte kommen können, und das nicht aus Neugierde:... Sie ist eine so niederträchtige Ursache des Forschens, daß ich, überhaupt zu reden, keinen Groschen ausgeben möchte, sie zu befrieden. ... Ein Geheimniß aber, dacht' ich, welches so bald und so gewiß das Herz eines Frauenzimmers, dem man sich nähert, milde und sanft macht, wäre ein Geheimniß, das wenigstens eben so wichtig sey, als der Stein der Weisen. Hätte ich beyde Indien gehabt, ich hätte eins davon hingegeben, um es zu erfahren.

Ich wendete und kehrte es, fast die ganze Nacht durch, in meinem Gehirne herum, ohne daß ich im geringsten weiter gekommen wäre; und als ich des Morgens aufwachte, fand ich meine Seele eben so bekümmert über meine Träume, als nur je der König von Babylon über die seinigen gewesen seyn mag; und ich kann zuversichtlich behaupten, es sollte den Sternsehern, Weisen und Wahr=sagern in Paris eben so schwer geworden seyn, sie zu deuten, als den Chaldäern.

Le

Le Dimanche.

Paris.

Es war Sonntag: und als La Fleur des Morgens herein trat, mit meinem Koffee und Brod und Butter, hatte er sich so stattlich herausgeputzt, daß ich ihn kaum kannte.

Ich hatte ihm zu Montreuil versprochen, ihm einen neuen Huth mit einem silbernen Knopf und Schnur, dazu vier Louisd'or zu geben, pour s'adoniser, wenn wir nach Paris kämen; und der gute Schlucker, um ihm Gerechtigkeit wiederfahren zu lassen, hatte Wunder damit gethan. Er hatte ein gutes, reinliches, ins Feld scheinendes scharlachenes Kleid gekauft; Rock und Beinkleider von einem Stücke.... Es wäre, sagt' er, für keine Krone abgetragen.... Die Anmerkung hätt' ich ihm gerne geschenkt.... Es sah so neu aus, daß, ob ich gleich wußte, daß sich das Ding nicht thun liesse, ich lieber meiner Einbildung was auf den Aermel geheftet, und gedacht haben möchte, ich hätte es dem Kerl neu von der Elle gekauft, als daß es aus der Trödelgasse gekommen.

Dies ist aber ein Ehrgeiz, der in Paris das Herz nicht naget.

Er hatte dazu eine artige blaue atlassene Weste erhandelt, die drolligt genug gestickt war; . . . sie hatte freylich ein wenig im Dienste gelitten, war aber wieder rein ge=scheuret. . . . Das Gold war aufgeputzt; und im ganzen wars viel Geschrey und we=nig Wolle, . . . und da das Blaue nicht sehr brennend war, so paßt' es sich recht gut zu dem Rock und Beinkleidern. Er hatte noch ferner aus dem Gelde einen neuen Haarbeu=tel und eine Solitaire herausgepresset, und bey dem Trödler war er auf ein Paar goldne Kniegürtel zu seinen Beinkleidern bestanden.

Für

Für vier Livres aus seinem eignen Beutel hatte er ein Paar Nesseltuchene Manschetten, bien brodées, gekauft, und für fünf andere ein Paar weiße seidene Strümpfe,... und oben drein hatte ihm die Natur eine hübsche Figur gegeben, die ihm keinen Sous kostete.

Dergestallt ausstaffirt, das Haar frisirt nach der neuesten Mode, und ein schönes Bouquet an der Brust, kam er ins Zimmer.... Mit einem Worte, er sah überhaupt so festlich aus, daß mir gleich der Sonntag einfiel.... Und da ich beydes mit einander verglich, so merkte ich nunmehr bald, daß das, was er sich des vorigen Abends auszubitten gewünscht, wäre, den Tag auf die Art zuzubringen, wie ihn Jederman in Paris zubringet.

Ich hatte kaum die Muthmaßung gefaßt, als La Fleur, mit unendlicher Unterthänigkeit, doch mit einem zuversichtlichen Blicke,

als

als ob ichs ihm nicht abschlagen würde, mich bat, ich möchte ihm den Tag Urlaub geben, pour faire le galant vis-à-vis de sa maitresse.

Nun war es gerade eben das, was ich vis-à-vis de Madame de Rambouillet zu thun gedachte.... Ich hatte deswegen die Remise genommen, und es würde meiner Eitelkeit gar nicht Leid gethan haben, einen so wohl gepuhten Diener, als La Fleur, hinten auf dem Wagen mit zu nehmen: ich mißte ihn recht ungerne.

Aber in dergleichen Verlegenheiten muß man nicht auf seinem Rechte bestehen, sondern **fühlen**.... Die Söhne und Töchter der Dienstbarkeit entsagen in ihren Contrakten der Freyheit, aber nicht der Natur. Sie sind Fleisch und Blut, und haben, mitten im Hause des Zwanges, ihre kleinen Eitelkeiten und ihre Wünsche, so gut, als ihre Herrschaften.... Freylich haben sie einen Preis
auf

auf ihre Selbstverleugnung gesetzt, . . . und ihre Erwartungen sind oft so unverschämt, daß ich sie ihnen versagen möchte, wenn mir ihr Stand nicht zu leicht die Macht dazu gäbe.

Siehe! . . . Siehe, ich bin dein Knecht . . . entwaffnet mich auf einmal von der Gewalt eines Herrn. . . .

. . . Er kann gehn, La Fleur, sagt' ich. . . .

. . . Und was für eine Maitresse hat Er sich denn schon in der kurzen Zeit, in Paris aufgescharrt? La Fleur legte seine Hand auf seine Brust, und sagte, es wäre une petite Demoiselle, aus dem Hause des Grafen de B * * * . . . La Fleur hatt' ein Herz, das für die Geselligkeit gemacht war, und, um von ihm zu sagen, was die Wahrheit ist, eben so wenig Gelegenheiten entwischen ließ, als sein Herr; . . . dergestalt, daß er auf eine oder die andre Art . . . der Himmel-

mel weiß, auf welche, ... in der Zeit, daß ich mit meinem Geleitsbriefe beschäftigt war, in ihrem Treppenzimmer mit der Demoiselle Bekanntschaft gemacht hatte, und wie ich Zeit genug gehabt, den Graf zu meinem Besten zu gewinnen, so hatte es La Fleur so zu machen gewußt, daß eben dieselbe Zeit zu eben demselben Geschäfte bey dem Mädchen für ihn hinreichte. ...
Es schien, als ob das Gesinde den Tag nach Paris kommen sollte, und er hatte mit dem Mädchen und zween oder drey andren von des Grafen Bedienten eine Parthie auf den Boulevard verabredet.

Glückliches Volk! das wenigstens einen Tag in der Woche sicher ist, alle seine Sorgen auf einen Haufen zu werfen; und welches die Bürden der Trübsal vertanzt, verscherzt und versingt, die den Geist andrer Nationen zur Erde beugen.

Das

Das Fragment.
Paris.

La Fleur hatte mir etwas hinterlaſſen, wovon ich den Tag über mehr Zeitvertreib hatte, als ich bedungen, oder als in ſeinen oder meinen Kopf hätte kommen können.

Er hatte mir den kleinen Stich Butter auf einem Weinblatte gebracht; und da der Morgen warm war, und er ſie ziemlich weit holen mußte: ſo hatte er ſich ein Stück Maculatur ausgebeten, um es zwiſchen ſeine Hand und das Weinblatt zu legen. . . . Da dies Tellers genug war; ſo befahl ich ihm, es, ſo wie's wäre, auf den Tiſch zu legen, und nach dem Trakteur zu gehn, um mein Eſſen zu beſtellen, weil ich den ganzen Tag nicht ausgehen wollte, und mich beym Frühſtück nur allein zu laſſen.

Als ich die Butter verzehrt, warf ich das Weinblatt aus dem Fenster, und wollte es mit dem Maculaturblatte eben so machen, . . . allein, da ich erst still stund, und eine Zeile davon las, und mich das zu der zweyten und dritten hinriß: . . . so hielt ichs mehr werth; also macht' ich das Fenster zu, zog einen Stuhl davor, und setzte mich nieder, es zu lesen. Es war in altem Französisch, aus Rabelais Zeiten, und so viel ich davon verstand, mochte es von ihm selbst geschrieben seyn. . . . Es war dazu mit gothischen Buchstaben, die durch Schimmel und durch die Länge der Zeit so bleich und unleserlich geworden, daß es mich viele Mühe kostete, etwas heraus zu bringen. . . . Ich warf es nieder, und schrieb einen Brief an Eugenius, . . . darauf nahm ichs wieder vor, und spannte meine Geduld von neuem auf die Folter. . . . Und hernach, um sie wieder zu erfrischen, schrieb ich an Elisa. . . . Es lag mir noch im Kopfe; und die Schwierigkeit, es zu verstehn, entzündete nur meine Begierde noch mehr.

Ich aß zu Mittag; und nachdem ich meinen Kopf mit einer Flasche Burgunder aufgehellet hatte, war ich wieder darüber her,... und da ich zwo oder drey Stunden mit eben so viel Kalmäuserey daran gekratzt hatte, als nur jemals Gruter oder Hackspan an einer leeren Inscription gethan haben mögen: so glaubte ich, auf den Sinn gekommen zu seyn. Der beste Weg, mich davon zu überzeugen, dacht' ich, wäre, wenn ichs in meine Muttersprache übertrüge, und zusähe, wie es dann liesse... Ich fiengs also an, wie man tändelnd etwas thut; dann einmal ein Paar Zeilen geschrieben,... dann ein Paar Gänge das Zimmer auf und nieder,... dann ein Bißchen aus dem Fenster gesehn, wie es in der Welt geht: so, daß es des Abends neune schlug, eh' ich damit fertig war.... Darauf fieng ichs an zu lesen, wie folget.

Das Fragment.
Paris.

. . . . Da solchergestalt des Notarius Eheliebste den Punkt gegen den Notarius mit so vieler Hitze behauptete. . . Ich wollte, sagte der Notarius, und warf das Pergament nieder, daß ein anderer Notarius hier wäre, bloß um alles dieses zu protocolliren und attestiren. . . .

. . . Und was wollte Er denn wohl thun, Monsieur? sagte sie, und sprang plötzlich auf. . . . Des Notarius Eheliebste war eine kleine Pulvermühle von einer Frau, und der Notarius hielt es für rathsam, durch eine milde Antwort ein Gewitter abzuwenden. . . . Ich wollte, antwortete er, zu Bette gehn. . . . An den Galgen mag Er sich scheeren, antwortete des Notarius Eheliebste.

Nun war der Fall, daß in dem Hause nur ein Bette vorhanden war, weil nach der Pariser Gewohnheit die beyden andern Kammern ohne Hausrath leer stunden, und da der Notarius sich nicht gerne in ein und ebendasselbe Bett mit einer Frau legen wollte, die ihn gerade von der Hand weg nach dem Galgen gewiesen hatte, so nahm er seinen Huth und Stock und kurzen Mantel, (die Nacht war sehr windig,) und gieng mit dem Kopfe voller Grillen dem Pont neuf zu.

Von allen Brücken, die jemals gebauet sind, ist Pont neuf, wie ein jeder, der darüber gegangen ist, einräumen muß, die prächtigste, ... die zierlichste, ... die grösseste, ... die leichteste, ... die längste, ... die breiteste, die jemals auf der Oberfläche dieses Erdwasser-Balls Land an Land zusammen gehänget hat.

Hieraus scheint zu erhellen daß der Auktor des Fragments

ments kein Franzose gewe=
sen sey.

Der grösseste Fehler, welchen die Theolo=
gen und Doctoren der Sorbonne dagegen
anführen können, ist dieser: es darf sich
nur eine Mütze voll Wind in oder um Paris
befinden, so wird hier mehr und gottesla=
sterlicher darauf gesacredieurt, als in irgend
einer andern Oeffnung in der ganzen
Stadt.... Und mit Recht, meine hoch= und
tiefgelahrte Messieurs; denn er kömmt auf
einen los, ohne zu rufen: Aufgeschaut!
und mit solchen ungewarnten Stössen, daß
von den wenigen, welche mit dem Huthe
auf dem Kopfe darüber gehen, nicht einer
unter funfzigen ist, der nicht drittehalb
Livres (womit er völlig bezahlt ist) auf die
Wage setzt.

Der arme Notarius, eben als er bey der
Schildwache vorbey gieng, hielt aus In=
stinkt seinen Stock an die Seite des seinigen;
allein,

allein, wie er damit in die Höhe fuhr, gerieth er mit der Spitze desselben in die Huthschnur der Schildwache, und warf ihr dadurch den Huth über die Spitzen des Geländers gerade in die Seine....

Es wär' ein böser Wind, sagte ein Bootsmann, der ihn auffieng, **der Niemanden zum Vortheil wehete.**

Der Mann auf dem Posten, war ein Gascogner, er strich sich augenblicklich den Zwickelbart, und schlug seine Muskete an.

Zu den Zeiten feuerte man die Musketen mit Lunten ab; und eine alte Frau, der am Ende der Brücke ihre papierne Laterne ausgeblasen war, hatte von dem Soldaten die Lunte geborgt, um sie wieder anzuzünden... Dies gab dem Gascogner einen Augenblick Zeit, sein Blut abkühlen zu lassen, und bessern Nutzen aus dem Zufalle für sich zu ziehen

ziehen... **Es wär' ein böser Wind**, sagt' er, indem er dem Notarius den Castorhuth wegnahm, und die Captur mit dem Sprichworte des Bootsmanns rechtfertigte.

Der arme Notarius gieng über die Brücke, und indem er längst der Rue de Dauphine nach der Faurbourg von St. Germain fortwandelte, beklagte er sich auf seinem Wege, auf folgende Weise.

Was für ein unglücklicher Mann ich bin! sagte der Notarius, daß ich alle meine Tage ein Spiel der Winde seyn muß... Daß ich geboren bin, allenthalben, wo ich gehe und stehe, den Sturm von bösen Zungen auf mich und meine Profession gerichtet zu sehn.... Daß ich, durch den Donner der Kirche, in den Ehestand mit einem Gewitter vom Weibe gestürzt bin... Daß mich ein häuslicher Wind aus meinem Hause treiben, und ein pontificalischer Wind meines Castors berauben muß... Daß ich hier baarhaupt, in

einer

einer windigen Nacht, der Ebbe und Fluth aller Zufälle ausgesetzt, herumwandern muß... Wo soll ich mein Haupt hinlegen?... Bejammernswürdiger Mann, welcher Wind von allen zwey und dreißig Strichen des Compasses kann dir was Gutes zuwehen, wie ers allen deinen übrigen Mitgeschöpfen thut!

Als der Notarius, auf diese Weise klagend, vor einem dunklen Gange vorbey gieng, rief eine Stimme einem Mädchen, und befahl ihr, nach dem nächsten Notarius zu laufen. Nun war unser Notarius der nächste, er machte sich diesen Umstand zu Nutze, gieng durch den Gang nach der Thüre, und nachdem er durch eine Art eines alten Salons gekommen, ward er in ein grosses Zimmer geführt, das von allem Hausrathe entblösset, und worin nichts zu finden war, als eine Officierpicke... ein Brustschild... ein alter verrosteter Degen, und ein Bandelier, welche an der

Wand symmetrisch an vier Stellen aufgehängt waren. Ein Greiß, der ehedem ein Edelmann gewesen, und noch itziger Zeit, wofern nicht der Verfall des Glücks auch den Verfall des Adels nach sich zieht, ein Edelmann war, lag in seinem Bette, mit dem Kopfe auf die Hand gelehnt; ein kleiner Tisch mit einer brennender Lampe war nah' ans Bette, und an den Tisch war ein Stuhl gesetzt.... Der Notarius setzte sich dabey, zog sein Dintenfaß und etliche Bogen Papier, die er in der Tasche hatte, hervor, legte es vor sich auf den Tisch, tunkte seine Feder in die Dinte, lehnte sich mit der Brust an den Tisch, und hielt alles in völliger Bereitschaft, des Edelmanns Testament und letzten Willen nieder zu schreiben.

Ach! mein Herr Notarius, sagte der Edelmann, und richtete sich dabey ein wenig auf; ich habe nichts zu vermachen, welches die Vermächtnißkosten werth wäre, ausgenommen meine eigene Geschichte, und
ich

ich könnte nicht ruhig sterben, ohne sie der
Welt als ein Vermächtniß zu hinterlassen;
den Profit der herauskömmt, vermach' ich
Ihnen, für ihre Mühe des Aufschreibens...
Es ist eine so besondre Geschichte, daß
sie alle Menschenkinder lesen müssen... Sie
wird das Glück ihrer Familie machen...
Der Notarius fuhr mit der Feder ins Din‐
tenfaß... Allmächtiger Regierer aller Zu‐
fälle dieses Lebens! sagte der Edelmann,
indem er erstlich seine Augen und Hände
gen Himmel aufhub.... Du, dessen Hand
mich durch solch ein Labyrinth von wunder‐
baren Wegen zu dieser Scene des Jammers
geleitet hat, steh dem abnehmenden Gedächt‐
nisse eines alten, kranken, von Kummer
vergehenden Mannes bey! Regiere meine
Zunge durch den Geist deiner ewigen Wahr‐
heit, daß dieser Fremde nichts niederschrei‐
ben möge, als was in dem Buche zu finden
ist, nach dessen Aussage ich entweder, sagt'
er, und schlug die Hände in einander,
schuldig oder freygesprochen werden soll!...

Der Notarius hielt die Spitze seiner Feder zwischen der Lampe und seinem Auge . . .

Es ist eine Geschichte, Herr Notarius, sagte der Edelmann, welche jedes Gefühl der Natur erregen wird . . . den Menschlichen wird sie durchbohren, und das Herz der Grausamkeit selbst wird sie mit Mitleid erfüllen . . .

. . . Der Notarius brannte vor Begierde anzufangen, und tunkte seine Feder zum drittenmale in sein Dintenfaß . . . und der alte Edelmann, indem er ein wenig näher an den Notarius rückte, fieng an seine Geschichte in folgenden Worten zu dictiren. . . .

. . . Und, wo ist denn das Uebrige, La Fleur? sagt' ich, weil er eben in die Thüre trat.

Das

Das Fragment und das Bouquet.
Paris.

Als La Fleur näher an den Tisch gekommen war, und begriffen hatte, was mir fehlte, so sagte er mir, es wären nur noch zween andre Bogen davon, welche er um die Stengel eines Blumenstrausses gewickelt, den er der Demoiselle auf dem Boulevard verehrt hätte.... So geh er doch hin, La Fleur, sagt' ich, nach dem Hotel des Grafen de B***, und sehe Er zu, ob er es bekommen... Ganz gewiß kann ich das, sagte La Fleur, und fort war er.

In sehr kurzer Zeit kam der arme Mensch ganz ausser Athem zurück, mit tiefern Zeichen einer vereitelten Hofnung im Blicke, als der blosse Verlust des Fragments hätte hinein drücken können.... Juste ciel! in weniger als zwo Minuten, seit der arme Mensch

Mensch) ihr sein zärtliches Lebewohl gesagt, hatte seine treulose Geliebte sein Gage d' amour einem von den Lakeyen des Grafen gegeben.... Der Lakey einer jungen Nätherinn, und die Nätherinn hatte es, mit sammt meinem Fragmente einem Fiedler geschenkt ... Unsere Unglücksfälle waren in einander geflochten ... Ich holte einen Seufzer ... und La Fleur ließ ihn meinem Ohre wiederschallen ...

... Wie ungetreu! rief La Fleur ... Wie unglücklich! sagt' ich ...

Es sollte mich nicht verdriessen, wenn sie es noch verloren hätte, Monsieur! sagte La Fleur. Mich auch nicht, La Fleur, wenn ichs nur gefunden hätte.

Ob das geschehen oder nicht, das wird sich hernach zeigen.

Die

Die milde Gabe.
Paris.

Der Mann, der entweder aus Hochmuth oder aus Furcht in keinen dunklen Gang geht, mag ein vortrefflich guter Mann seyn, und zu hunderterley Dingen Geschicke haben; zum empfindsamen Reisenden aber ist er verdorben. Ich mache mir sehr wenig aus den vielen Dingen, welche ich am hellen lichten Tage, in breiten und öffentlichen Gassen vorgehen sehe.... Die Natur ist blöde, und thut ihre Handlungen sehr ungern vor Zuschauern; in solchen unbemerkten Winkeln aber, sieht man sie zuweilen eine einzige kurze Scene machen, die so gut ist, als alle Sentiments aus einem Dutzend französischen Komödien zusammen genommen... die doch so v o l l k o m m e n fein sind;... Und so oft mir eine mehr als gewöhnliche brillante Affaire vorfällt, die denn ein Prediger so gut haben kann, als

ein

ein Held, so nehme ich die meiste Zeit meine Predigt daher ... und was den Text anbelangt ... „Cappadocia, Pontus und Asia, „Phrygia und Pamphylia„ paßt sich so gut dazu, als einer in der Bibel.

Aus der Opera comique geht ein langer dunkler Gang in eine enge Gasse; er wird von den wenigen betreten, welche nach geendigter Oper demüthig auf einem Fiacre (*) warten, oder in der Stille zu Fuße wegzugehn wünschen. An dem Ende, wo er ans Theater stößt, brennt ein dünnes Inseltlicht, dessen Schein sich aber fast gänzlich verliert, ehe man halb hindurch ist, nahe an der Thür aber ... (es ist mehr zum Zierrath da, als zum Gebrauch) ... sieht mans als einen Firstern von der letzten Größe; er brennt ... schaft aber der Welt, die wir kennen, wenig Nutzen.

Als ich durch diesen Gang hinaus gieng, bemerkte ich, als ich noch etwa fünf oder
sechs

(*) Die schlechte Art der Miethkutschen.

sechs Schritte von der Thüre war, zwo Damen, die Arm in Arm, mit dem Rücken an der Wand stunden, und, wie mich dünkte, auf einen Fiacre warteten.... Da sie näher bey der Thüre stunden, so dacht' ich, sie hätten ein Recht zum Vortritt, deswegen flickte ich mich, anderthalb Schritte von ihnen, ein, und nahm ruhig meinen Stand ... Ich trug schwarz, daß man mich also kaum sehen konnte.

Die Dame, die zunächst bey mir stund, war eine lange, magre, weibliche Figur, von ungefähr sechs und dreißig Jahren; die zweyte, von eben dem Wuchse und eben der Figur, war ungefähr vierzig; An keiner von beyden entdeckte man irgend ein Zeichen, welches den Ehe= oder Wittwenstand andeutete... Sie schienen beyde ein Paar ächte vestalische Schwestern zu seyn, ununtergraben von Liebkosungen, unbestürmt von zärtlichen Umarmungen. Ich hätte wünschen mögen, sie glücklich zu machen ...

Die=

Diesen Abend aber war ihr Glück bestimmt, von einer andern Seite zu kommen.

Eine leise Stimme bat, in wohlgewählten Ausdrücken, die er lieblich cadenzierte, beyde um ein Zwölffousstück, um Gottes willen. Es kam mir sonderbar vor, daß ein Bettler die Grösse der Gabe bestimmte, ... und daß die Summe zwölfmal so viel seyn sollte, als man sonst im Dunklen zu geben pflegt. Sie schienen sich beyde eben so sehr darüber zu wundern, als ich.... zwölf Sous! sagte die eine.... Ein Zwölffousstück! sagte die andre, ... ohn' ihm zu antworten.

Der arme Mann sagte, er könnte von Damen von ihrem Stande unmöglich weniger bitten, und beugte sein Haupt bis zur Erde.

Ey! sagten sie, wir haben keine Münze bey uns.

Der

Der Bettler schwieg eine oder ein Paar Minuten still, und erneuerte sein Anliegen.

Meine schönen jungen Damen, sagt' er, verstopfen Sie doch Ihre gütigen Ohren nicht vor mir.... Auf mein Wort, guter Mann! sagte die Jüngere, wir haben nichts gewechselt.... Nun so segne Sie der Himmel, sagte der arme Mann, und vermehre die Freuden, welche Sie andern, ohn' allen Wechsel, mittheilen können! ... Ich bemerkte, daß die älteste Schwester in ihre Tasche griff.... Ich will sehn, ob ich einen Sous habe.... Einen Sous! geben Sie doch zwölfe; die Natur ist freygebig gegen Sie gewesen, seyn Sie doch auch freygebig gegen einen armen Mann.

Ich wollte von Herzen gern, mein Freund, wenn ichs nur hätte, sagte die Jüngste.

Meine schöne Barmherzige! sagt' er, indem er sich an die Aelteste wendete...

Was ist es anders, als Ihre Gütigkeit und milde Menschenliebe, das Ihre funkelnden Augen so lieblich macht, daß sie sogar in diesem dunkeln Gange noch glänzender sind, als der Morgen. Und was war es, worüber der Marquis von Santerre und sein Bruder, als sie hier vorbey giengen, so viel Gutes von Ihnen beyden sagten?

Die Beyden Damen schienen sehr bewegt, und griffen, als ob ihnen jemand die Hand führte, beyde zugleich in die Taschen, und jede zog ein Zwölfsousstück heraus.

Der Streit zwischen ihnen und dem armen Supplikannten war vorbey, ... sie führten ihn nun unter sich, wer von beyden das Zwölfsousstück am liebsten verschenken wollte, ... und um dem Zwiste ein Ende zu machen, gab eine jede das ihrige hin, und der Mann gieng seiner Wege.

Das

Das aufgelöste Räthsel.

Paris.

Ich gieng ihm geschwinde nach; es war eben derselbige Mann, dessen Geschicklichkeit, die Frauenzimmer vor der Thüre des Hotels zur Mildthätigkeit zu bewegen, mir soviel Kopfbrechens gemacht hatte, ... und ich fand auf einmal sein Geheimniß, wenigstens den Grund, worauf es beruhete. ... Es war Schmeicheley.

Lieblicher Balsam! wie erquickend bist du der Natur! wie nachdrücklich reden für dich alle ihre Kräfte und alle ihre Schwächen! wie milde mischest du dich zum Blute, und hilfst ihm durch die engesten und verwickeltsten Gänge, den Weg zum Herzen finden!

Da der arme Mann mit seiner Zeit nicht eingeschränkt war, so hatte er hier eine grössre

gröſsre Doſis davon gegeben. Gewiß iſt es, daß er einen Handgriff wußte, seine Medicin für die verschiedenen Fälle, die er auf den Gaſſen unerwartet vorfand, in kleinere Pülverchen zu bringen; wie ers aber anfieng, daß er sein universal Ingredienz versetzte, versüßte, concentirte und zurichtete, darüber will ich meine Gedanken nicht anstrengen. . . . Genug, der Bettler gewann zwey Zwölfſousſtücke, . . . und diejenigen können das Uebrige am besten erzählen, welche viel wichtigere Dinge dadurch gewonnen haben.

Paris.

Paris.

Wir kommen in der Welt mehr dadurch fort, daß wir Gefälligkeiten annehmen, als daß wir welche erzeigen. Man nimmt einen welken Zweig und steckt ihn in die Erde, und hernach begießt man ihn, weil man ihn gepflanzt hat.

Der Herr Graf de B *·*·*, bloß weil er mir eine Gefälligkeit in der Sache mit dem Geleitsbriefe erwiesen hatte, gieng weiter, und wollte mir, die Paar Tage, die er zu Paris war, eine andre erweisen, indem er mich mit einigen Personen von Stande bekannt machte; diese sollten mich andern präsentiren, und so weiter.

Ich hatte mein Geheimniß eben zu rechter Zeit gefaßt, um von dieser Ehre einigen Nutzen zu ziehen; sonst möcht' ich, wie es gewöhnlich zu gehn pflegt, ein oder höchstens zweymal bey jedem auf der Reihe zu

Mittage oder zu Abend gegessen, und wenn ich dann die französischen Mienen und Gesichter in meine ehrliche Muttersprache übersetzt, sehr bald gesehen habe, daß ich mich des Couverts eines lieber gesehenen Gastes bemächtiget; und in der Folge hätte ich alle meine Plätze, einen nach dem andern, räumen müssen, bloß, weil ich sie nicht hätte zu behaupten gewußt.... Itzt aber gieng das Ding so übel eben nicht.

Ich hatte die Ehre, bey dem alten Marquis de B *** eingeführt zu werden; vor Alters hatte er sich durch einige kleine Ritterthaten an Amors Hofstaat bekannt gemacht, und seitdem hatte er sich beständig als ein allezeit fertiger Lanzenbrecher gekleidet.... Der Marquis hätte gern glauben lassen, daß seine Kämpfe nicht bloß in seinem Gehirne existirten. „Er hätte fast Lust, eine Reise nach England zu thun:„ und erkundigte sich sehr nach dem englischen Frauenzimmer. Bleiben Sie doch, wo Sie sind, Mon=

Monsieur le Marquis, ich bitte inständigst, sagt' ich; die englischen jungen Herren können ohnedem schon kaum einen freundlichen Blick von ihnen erhalten.... Der Marquis bat mich zum Abendessen.

Monsieur P * * *, der Generalpachter, erkundigte sich eben so ämsig nach unsern Auflagen.... Sie wären sehr beträchtlich, hätte er gehört.... Wenn wir uns nur auf die rechte Art sie beyzutreiben, verstünden, sagt' ich, und machte ihm eine kleine Verbeugung.

Das war das einzige Mittel, welches mir die Einladung zu Monsieur P * * *s Concerte verschaffen konnte.

Bey Madame de G * * * hatte man mir nachgesagt, daß ich ein **witziger Kopf** sey.... Madame de G * * * war selbst ein **witziger Kopf**; sie brannte vor Begierde, mich zu sehn, und reden zu hören.

Eh ich mich setzte, ward ich schon gewahr, daß sie sie sich ganz und gar nicht darum bekümmerte, ob ich Witz hätte oder nicht.... Ich war da, überzeugt zu werden, daß sie welchen hätte.... Der Himmel ist mein Zeuge, daß ich das Schloß meiner Lippen nicht geöffnet habe.

Madame de G * * * betheuerte jedermann, den sie antraf, „Sie hätte in ihrem „Leben noch mit keinem Manne eine lehr= „reichere Unterredung gehabt.„

Die Regierung einer französischen Dame besteht aus drey Epochen.... Sie ist Coquette, ... dann Freygeist, ... dann Betschwester. Ihren Zepter verliert sie niemals, so lange diese dauren, ... sie wechselt bloß ihre Unterthanen. Wenn fünf und dreyßig Jahre und mehr, ihre Staaten von Sklaven der Liebe entvölkert haben: so bevölkert sie solche wieder mit Sklaven des Unglaubens ... Und dann mit Sklaven der Kirche.

Ma=

Madame de V * * * ſchwankten zwiſchen den beyden erſten Epochen; die Farbe der Roſe bekam eine bläſſere Schattirung. ... Sie hätte ſchon fünf Jahre vor der zeit, da ich die Ehre hatte, ihr zum erſtenmale aufzuwarten, ein Deiſtinn ſeyn ſollen.

Sie ließ mich neben ſich auf ihrem Sopha ſitzen, um den Streit über den Punkt der Religion deſto genauer auszumachen. ... Kurz, Madame de V * * * ſagte mir, ſie glaubte gar nichts.

Ich antwortete ihr, es möchte wohl ihr Grundſatz ſeyn, aber ich wäre überzeugt, es könnte nicht ihr Vortheil ſeyn, die Auſſenwerke zu ſchleifen, ohne welche mir die Vertheidigung einer Veſtung, wie die Ihrige, unbegreiflich ſchiene, ... daß der Deisnus für eine Schönheit höchſt gefährlich ſey, ... daß es eine Pflicht ſey, die ich meinen Glauben ſchuldig wäre, ihr ſolches nicht zu bergen, ... daß ich keine fünf Minuten

nuten neben ihr auf dem Sopha gesessen, als ich schon angefangen, Anschläge zu machen, ... und was sonst, als die Empfindungen der Religion, und die Ueberredung, daß deren auch in ihrer Brust wohnten, hätte diese Gedanken in der Geburt ersticken können?

Wir sind nicht von Demant, sagt' ich, indem ich ihre Hand ergriff, ... und es wird aller Zwang erfordert, bis zu seiner Zeit das Alter herbey schleicht, und uns solchen auflegt. ... Aber, theureste Madame, sagt' ich, und küßte ihr die Hand, ... es ist zu früh, ... zu früh. ...

Ich kann sagen, daß ich ganz Paris dafür bekannt ward, Madame de V * * * entfreygeistet zu haben. ... Sie bestätigte gegen Herrn D * * * und den Abt M * * *, daß ich in einer halben Stunde mehr f ü r die geoffenbarte Religion gesagt, als ihre ganze Encyclopädie d a g e g e n vorgebracht hätte.

hätte.... Ich ward den Augenblick in die Liste der Cotterie der Madame de V✱✱✱ eingezeichnet,... und sie setzte die Epoche der Freygesterey zwey Jahr weiter hinaus.

Ich erinnre mich, es war in dieser Cotterie, mitten in einem Gespräche, worin ich die Nothwendigkeit einer **ersten Ursache** zeigte, daß der junge Graf von Faineant mich bey der Hand nahm, und in den entferntsten Winkel des Zimmers führte, um mir zu sagen, daß meine Solitaire zu eng um den Hals wäre, ... sie müßte plus badinant sitzen, sagte der Graf, und sah dabey auf die seinige herunter.... Doch, Monsieur Yorick, ein Wort zu dem **Weisen**.... Und von dem Weisen, Monsieur le Comte, versetzt' ich, indem ich mich bückte, ... **ist genug**.

Der Graf von Faineant umarmte mich mit mehr Hitze, als ich je von einem Sterblichen umarmt worden.

Drey

Drey Wochen lang, war ich der Meynung eines Jeden, den ich antraf. . . . Pardi! ce Monſieur Yorick a autant d'eſprit que nous autres. . . . Il raiſonne bien, ſagte ein andrer. . . . C'eſt un bon enſant, ſagt' ein dritter. . . . Und zu dieſem Preiſe hätte ich alle Tage meines Lebens in Paris eſſen, trinken und mich luſtig machen können; allein, es war eine ſchimpfliche Rechnung. . . . Ich fieng an, mich davor zu ſchämen, . . . es war der Lohn eines Sklaven. . . . Ein jedes Empfindniß von Ehre empörte ſich dagegen. . . . Je höher ich ſtieg, je mehr ward ich an mein lumpichtes Syſtem gebunden. . . . Je beſſer die Cotterie, . . . je mehr Kinder der Kunſt. . . . Ich ſchmachtete nach den Kindern der Natur: und eines Abends, nachdem ich mich einem halb Dutzend verſchiedener Leute auf die ſchändlichſte Art Preiß gegeben hatte, . . . ward mir übel, . . . gieng ich zu Bette, . . . befahl La Fleur, auf den andern Morgen Pferde zu beſtellen, um nach Italien abzugehen.

Maria.
Moulins.

Noch hatte ich die Noth des Ueberflusses unter keinerley Gestalt empfunden, bis itzt.... Durch Bourbonnois, den angenehmsten Theil von Frankreich zu reisen,... zur Zeit der fröhlichen Weinlese, wenn die Natur ihren Ueberfluß in Jedermanns Schooß ausschüttet, und jedes Auge in die Höhe gerichtet ist... Eine Reise, auf welcher man bey jedem Schritte hört, wie die Musik den Tackt zur Arbeit schlägt, und wie alle ihre Kinder jauchzend ihre Trauben einsammlen...

Hier durch zu kommen mit meinem so entzündbaren Herzen, das bey jeder Groupe vor mir Feuer fängt,... deren eine jede schwanger von Abendtheuren war.

Himmel! zwanzig Bände würd' es anfüllen,... und leider! hab' ich nur noch wenige Seiten übrig, wo ichs hinein pfropfen muß.... Und die Hälfte davon gehört der armen

armen Maria, welche mein Freund, Herr Shandy, nicht weit von Moulins antraf.

Die Geschichte, welche er von diesem verrückten Mädchen erzählte, rührte mich nicht wenig, da ich sie las; allein, da ich in die Nachbarschaft ihres Aufenthalts kam, kehrte sie wieder so stark in mein Gedächtniß zurück, daß ich der Bewegung nicht widerstehen konnte, welche mich antrieb, eine viertel Meile aus dem Wege, nach dem Dorfe zu gehn, wo ihre Aeltern wohnten, um mich nach ihr zu erkundigen.

Dies heißt, ich gesteh es, gleich dem Ritter von der traurigen Gestalt, auf melancholische Abentheuer ausgehen. . . . Ich weis aber nicht, wie es kömmt, daß ich niemals das Daseyn einer Seele in mir so überzeugt empfinde, als wenn ich darin verwickelt bin.

Die alte Mutter kam an die Thüre; ihr Blick erzählte mir die Geschichte, bevor sie den Mund öffnete. . . . Sie hätte ihren Mann verloren; er wäre, sagte sie, einen
Monat

Monat vorher, vor Kummer über den Verlust der Sinne seiner Maria gestorben.... Anfänglich hätte sie gefürchtet, fuhr sie fort, daß das ihr armes Mädchen vollends um das Bischen Verstand bringen würde, was ihr noch übrig gelassen,... es hätte sie aber im Gegentheile, mehr zu sich selbst gebracht.... Noch hätte sie keine Ruhe.... ihre arme Tochter, sagte sie und weinte, wandere irgendwo an der Heerstrasse herum....

... Warum schleicht mein Puls so langsam, indem ich dieses schreibe? und was machte, daß La Fleur, dessen Herz bloß zur Freude bestimmt zu seyn schien, zweymal mit dem auswendigen seiner Hand über seine Augen fuhr, als die alte Frau stund und erzählte? Ich befahl dem Postillon, wieder nach der Heerstrasse zurück zu kehren.

Als wir bis eine viertel Meile von Moulins gekommen, entdeckte ich durch einen Seitenweg, der zu einem Gebüsche führte,

die

die arme Maria, unter einem Pappelbaume sitzend.... Sie saß mit dem Ellebogen auf dem Schoosse, und den Kopf auf die Seite gelehnt in der Hand.... Ein kleines Bächlein floß am Fusse des Baums vorbey.

Ich ließ den Postillon mit der Chaise voraus nach Moulins fahren ... La Fleur sollte mein Abendessen bestellen ... und ich wollte ihm zu Fuße nachkommen.

Sie war in weiß, und fast so gekleidet, als sie mein Freund beschreibt, ausgenommen, daß ihre Haare los hiengen, welche vorher in einem seidenen Netze aufgeflochten waren.... Sie hatte auch noch ihrem Mieder ein blaßgrünes Band zugefügt, welches über ihre Schultern bis auf die Hüften fiel. Am Ende desselben hieng ihre Hirtenflöte.... Ihre Ziege war eben so ungetreu geworden, als ihr Bräutigam; und sie hatte sich an ihrer Statt einen kleinen Hund angeschafft, welchen sie an einer Schnur an den Gürtel befestigte. Als ich ihren Hund ansah, zog sie ihn mit der Schnur nach

nach sich . . . „Du sollst mich doch nicht ver=
„lassen, Silvio,„ sagte sie. Ich sah in
Mariens Augen, und entdeckte, daß sie
mehr an ihren Vater, als an ihren Bräu=
tigam, oder ihre kleine Ziege dächte; denn
als sie seinen Namen aussprach, rollten ihr
die Thränen über die Wangen herunter.

Ich setzte mich dicht' bey ihr nieder, und
Maria ließ mich solche, wie sie niederfielen,
mit meinem Schnupftuche wegwischen. . . .
Dann tauchte ichs in meine eigne . . . und
dann in ihre . . . und dann in meine . . .
und dann wischte ich wieder die ihrige ab . . .
und so wie ichs that, fühlte ich solche
unbeschreibliche Bewegungen in meinem
Inwendigen, die man, wie ich gewiß bin,
aus keinerley Verbindung der Materie mit
der Bewegung erklären kann.

Ich bin völlig versichert, ich habe eine
Seele; und alle Bücher, womit die Mate=
rialisten die Welt gequält haben, können
mich nicht vom Gegentheile überführen.

Maria.

Als Maria ein wenig zu sich selbst gekom=
men war, fragte ich sie, ob sie sich ei=
ner blassen, schmächtigen Mannsperson er=
innerte, welche vor ungefähr zwey Jahren,
zwischen ihr und ihrer Ziege gesessen hätte.
Sie sagte, ihr Kopf wäre damals sehr in
Unordnung gewesen, sie erinnerte sichs aber
an zween Umständen ... Daß, so schlecht
sie gewesen, sie doch gesehen, daß der Mann
Mitleiden mit ihr gehabt; und hiernächst
daß ihre Ziege sein Schnupftuch gestohlen,
und daß sie solche des Diebstahls wegen ge=
schlagen habe. ... Sie hätte es, sagte sie,
in dem Bache gewaschen, und trüge es seit=
dem beständig in der Tasche, um es ihm wie=
der zuzustellen, im Falle sie ihn jemals wie=
der sehen sollte, wie er ihr, setzte sie hin=
zu, halb versprochen hätte. Wie sie mir
dieses sagte, zog sie das Schnupftuch aus
der Tasche, um es mich sehn zu lassen; sie
hatte es ganz sauber in ein Paar Weinblät=
ter

ter gewickelt und mit einem Schößling umwunden ... Wie sies aufmachte, sah ich, daß es in einem Zipfel mit einem S. gezeichnet war.

Sie hatte sich nachdem, erzählte sie mir, bis nach Rom verirret, und wäre einmal um die Peterskirche gegangen ... und zurück gekommen. ... Sie hätte ganz allein den Weg durch die Apenninischen Gebirge gefunden ... Sie wäre durch die ganze Lombardie ohne Geld ... und über die Feuersteinigten Wege in Savoyen ohne Schuhe gereiset ... Wie sie es ausgehalten, und wie sie durchgekommen, das konnte sie nicht sagen ... Aber **der liebe Gott**, sagte Maria, **schickt warmen Wind**, wenn das Lamm geschoren ist.

Ja, wohl geschoren! sagt' ich, und zwar recht scharf; und wärest du in meiner Heymath, wo ich eine Hütte habe, da würde ich dich hinein nehmen, und dich decken und schützen;

schützen; du solltest von meinem Bissen essen, und von meinem Becher trinken ... ich wollte deinem Silvio gütlich thun ... in allen deinen Schwachheiten und Wanderschaften wollt' ich dich aufsuchen und zurück bringen.... Wenn die Sonne untergienge, wollt' ich mein Abendgebet verrichten, und wenn ich ausgebetet, solltest du auf deiner Flöte dein Abendlied spielen, und der Geruch von meinem Opfer würde deswegen nicht weniger gnädiglich angenommen werden, daß er zugleich mit dem von einem gebrochnen Herzen Himmel an stiege.

Mein Herz zerfloß, da ich dieses sagte, und da Maria, indem ich mein Schnupftuch heraus zog, bemerkte, daß es bereits zu feucht sey, um es noch zu gebrauchen, wollte sie es mit aller Gewalt in dem Bächlein waschen.... Und wo will Sie es trocknen, Maria? sagt' ich ... Ich wills in meinem Busen trocknen, sagte sie, ... das wird mir wohl thun.

Und

Und ist Ihr Herz denn noch immer so warm, Maria? sagt' ich.

Ich berührte die Saite, an welcher alle ihre Klagen hiengen ... Sie sah mich ein Zeitlang starr und wild ins Gesicht, und dann, ohne das Geringste zu sagen, nahm sie ihre Flöte, und spielte ihren Gesang an die heilige Jungfrau ... Die Saite, die ich berührt hatte, hörte auf zu schwingen ... in ein Paar Augenblicken kam Maria zu sich selbst ... ließ ihre Flöte fallen ... und stund auf.

Und wo will Sie hingehn, Maria? sagt' ich. ... Nach Moulins, sagte sie. ... Laß uns zusammen gehn, sagt' ich. ... Maria legte ihren Arm in den meinigen, verlängerte die Schnur, um den Hund folgen zu lassen, und in dieser Ordnung zogen wir in Moulins ein.

Maria.
Moulins.

Ob ich gleich das Küssen und Grüssen auf offnem Markte hasse, so stund ich doch, als ich mitten auf diesen gekommen, still, um Maria zum letztenmale anzublicken, und ihr zum letztenmal Lebewohl zu sagen.

Maria war zwar nicht groß, aber doch von der ersten Classe der feinen Wüchse.... Die Betrübniß hatte etwas in ihren Blick gebracht, welches kaum noch irdisch war... Doch war sie noch immer weiblich... und hatte so viel von dem, was das Herz wünscht, und wonach das Auge bey einem Frauenzimmer sucht, daß, könnte sie die Spuren aus ihrem Gehirne, und ich Elisa aus dem meinigen löschen, so sollte sie nicht **bloß von meinem Bissen essen und von meinem Becher trinken**, sondern Maria sollte in meinem Schooße schla=

schlafen, und ich wollte sie wie eine Tochter halten.

Lebe wohl, armes, unglückliches Mädchen!... Trinke das Oehl und den Wein in dich, welchen das Mitleiden eines Fremden, wie er seine Strassen hinabzieht; itzt in deine Wunden geußt.... Er, der dich zweymal zerschlagen, er kann allein, kann dich auf ewig verbinden.

Bourbonnois.

Von nichts in der Welt hatte ich mir eine so fröhliche Schwärmerey der Affekten vorgemalt, als von dieser Reise, zur Zeit der Weinlese, durch diesen Theil von Frankreich. Aber mein mitleidiges Gefühl, welches durch diese Pforte der Betrübniß auf mich eingedrungen, hatte mich dazu ganz unfähig gemacht. In jeder festlichen Scene sah ich Marien, im Hintergrunde des Gemäldes, Gedankenvoll unter ihrem Pappelbaume sitzen; und ich war fast bis Lyon gekommen, bevor ich sie ganz in Schatten bringen konnte.

... Theure Empfindlichkeit! unerschöpfliche Quelle alles dessen, was schätzbar in unsern Freuden, oder köstlich in unsrer Traurigkeit ist! Du kettest deinen Märtyrer nieder an sein Lager von Stroh ... und auch du erhebst ihn hoch bis zum Himmel ..., Ewiger Brunnen unsrer Empfindnis=

niſſe! Hier will ich dich ſuchen ... Und dieſes iſt deine Gottheit, welche ſich in mir reget. ... Nicht daß, in trüben Stunden der Krankheit, „meine Seele zurückbebt in ſich „ſelbſt, und vor der Vernich= „tung ſich entſetzt„ ... bloſſer Prunk in Worten! ... ſondern, daß ich noch un= eigennützige Freuden und uneigennützige Sorgen auſſer mir empfinden kann. ... Alles kömmt von dir, groſſes, groſſes Senſorium der Welt! welches vibrirt, wenn auch nur ein Haar, in der entfernteſten Wüſte deiner Schöpfung, von unſerm Haupte fällt. Von dir gerührt, zieht Eugenius meinen Vorhang auf, wenn ich vor Krank= heit ſchmachte ... hört meine Erzählung der Symptomen, und klagt das Wetter an, über die Schwachheit ſeiner Nerven. Zu= weilen giebſt du davon ſeinen Antheil dem roheſten Hirten, der die unwirthbarſten Ge= birge durchſtreicht ... Er findet das zerrißne Lamm eines fremden Hirten ... Dieſen Augenblick ſeh' ich, wie er, den Kopf an

seinen Stab gelehnt, mit mitleidigem Gefühl
darauf herab blickt ... O! wär' ich einen
Augenblick früher gekommen! ... Es blutet
sich zu Tode ... sein fühlbares Herz blutet
mit ihm ...

Friede sey mit dir, großmüthiger Hirt!
Ich seh du gehst mit Kummer von dannen ...
aber deiner Freuden sollen nicht weniger
seyn! ... Denn, glücklich ist deine Hütte, ...
glücklich sie, die solche mit dir theilet ...
und glücklich sind die Lämmer, die um
eure Winke spielen.

Die Abendmahlzeit.

Da am Fuſſe des Berges Taurira, unſerm Deichſelpferde eines von den vordern Hufeiſen losgegangen; ſo ſtieg der Poſtillon ab, drehete es vollends herunter, und ſteckte es in die Taſche. Da wir wohl über zwo Meilen Berg an, und uns hauptſächlich auf dieſes Pferd verlaſſen mußten; ſo beſtund ich darauf, das Eiſen ſollte ſo gut, als möglich, wieder aufgelegt werden; allein der Poſtillon hatte die Nägel weggeworfen, und da uns ohne dieſe, der Hammer in dem Kutſchkaſten keine groſſe Dienſte leiſten konnte, ſo ergab ich mich darein, daß wir fortführen. Er war noch keine viertel Stunde höher gekommen, als das arme Thier, auf einem ſehr ſcharfſteinigten Stücke vom Wege, das zweyte Eiſen vom andern Vorderfuſſe verlor. Nunmehr ſprang ich im rechten Ernſte aus der Chaiſe; und weil ich etwas über tauſend Schritt linker Hand davon ein Haus liegen ſah': ſo erhielt ich

ich mit vieler Mühe von dem Postillon, daß er drauf zufuhr. Die Aussicht des Hauses und alles dessen, was da herum war, söhnte mich bald mit dem Unfalle aus.... Es war eine kleine Meyerey, umgeben von ungefähr zwanzig Morgen Weinbau, von ungefähr eben so vielem Kornlande... und dichte am Hause lag ein Küchengarten von ungefähr anderthalb Morgen, bepflanzt und besäet mit alle dem, was in einem französischen Bauerhause zum Ueberflusse gehört.... Und an der andern Seite war ein kleiner Wald, welcher das Holz hergab, um es gar auf den Tisch zu liefern. Es war ungefähr um acht Uhr des Abend, als ich bey dem Hause ankam ... Damit ließ ich den Postillon seine Sache so gut machen, als er konnte ... und ich gieng gerade zu ins Haus.

Die Familie bestund aus einem Manne mit grauen Haaren und seiner Frau, mit fünf oder sechs Söhnen und Schwiegersöh=

söhnen, und deren verschiednen Frauen, nebst einer muntern Zucht von Kindern.

Sie saſſen alle um ihr Linſengericht herum; ein groſſes Waizenbrodt lag mitten auf dem Tiſche, und ein Weinkrug, an jedem Ende deſſelben, verſprach Freude, durch alle Abſätze der Mahlzeit hindurch. . . . Es war ein Liebesmaal.

Der alte Mann ſtund auf, mich zu empfangen, und mit einer ehrerbietigen Vertraulichkeit nöthigte er mich, mich an den Tiſch zu ſetzen. Mein Herz hatte ſich ſchon den Augenblick, da ich ins Zimmer trat, bey ihnen niedergelaſſen: alſo nahm ich ſogleich meinen Platz, wie ein Kind vom Hauſe; und, um ſo bald als möglich von dieſem Charakter Beſitz zu nehmen, borgte ich gleich des alten Vaters Meſſer, faßte das Brodt, und ſchnitt mir eine tüchtige Scheibe herunter; und wie ichs that, ſah ich in aller Augen umher ein Zeugniß, nicht
allein,

allein, daß mirs von Herzen gegönnt, sondern auch daß dieses Gönnen mit Dank dafür vermischt sey, weil ich nicht daran zu zweifeln geschienen.

War es das; oder sage mir, Natur, was war es sonst, das mir diesen Bissen so schmackhaft machte? ... und welcher übernatürlichen Kraft hatt' ichs zu verdanken, daß der Zug, den ich aus dem Kruge dazu that, so vortrefflich schmeckte, daß ich beydes bis diese Stunde noch auf der Zunge habe?

War die Mahlzeit nach meinem Geschmacke, ... so war es das darauf folgende Gratias noch mehr.

Das

Das Gratias.

Als die Mahlzeit geendigt, schlug der alte Mann mit dem Hefte seines Messers auf den Tisch....

Es war das Zeichen, sich zum Tanze zu bereiten. Sobald das Signal gegeben war, liefen Frauen und Mädchen nach einem Hinterzimmer, ihr Haar aufzubinden ... und die jungen Männer nach der Thüre, um ihre Gesichter zu waschen, und ihre hölzerne Schuhe mit andern zu vertauschen; und in drey Minuten waren sie alle auf einem kleinen grünen Platze vor dem Hause bereit anzufangen.... Der alte Mann und seine Frau kamen zuletzt heraus, und setzten sich, indem sie mich zwischen sich nahmen, auf einen Sopha von Rasen an der Thür nieder.

Ehmals, vor ungefähr funfzig Jahren, war der alte Mann ziemlich stark auf der Leyer

Leyer gewesen ... Und noch itzt, bey seinem Alter, spielte er seinen Tanz noch recht gut. Zuweilen sang seine Frau mit darein ... dann ließ sie die Leyer ein wenig allein gehen ... fiel mit ihrer Stimme wieder ein, und ihre Kinder und Enkel tanzten vor ihnen herum.

Erst in der Mitte des zweyten Tanzes kam mirs vor, als ob ich bey verschiednen Pausen ... während welchen sie alle gen Himmel zu seh'n schienen, eine Erhebung des Herzens bemerken könnte, die von jener unterschieden wäre, welche die Ursache oder die Wirkung einer blossen Fröhlichkeit ist ... Mit einem Worte, ich dachte, ich sähe, daß die Religion sich mit in den Tanz mischte ... Da ich sie aber noch nie in solcher Gesellschaft gefunden, so würde ichs angesehn haben, als eine von den Täuschungen einer Imagination, die mich ohn' Unterlaß misleitet, wenn nicht der alte Mann, sobald der Tanz vorüber war,

ge=

gesagt hätte, daß dieses ihre beständige Gewohnheit wäre; und daß ers sein Lebelang zu einer Regel gemacht, sobald sie des Abends gegessen, alle die Seinigen zum Tanze und zur Freude zusammen zu rufen; weil er glaubte, sagt' er, daß ein fröhliches und zufriedenes Gemüth der beste Dank wäre, womit ein ungelehrter Bauer Gott danken könnte.... Oder auch ein gelehrter Prälat, sagt' ich.

Die Verlegenheit der Delicatesse.

Wenn man auf die Spitze des Berges Taurira gelangt ist, so gehts gleich steil hinunter nach Lyon... Dann à Dieu allen schnellen Bewegungen! Es ist eine Fahrt der Behutsamkeit; und für die Empfindnisse ists am besten, sich nicht damit zu übereilen: also contrahirte ich mit einem Vetturino, sich mit einem Paar Mauleseln Zeit zu lassen, und mich in meiner Chaise wohlbehalten durch Savoyen nach Turin zu liefern.

Armes, geduldiges, friedsames, ehrliches Volk! sey unbesorgt; deine Armuth, den Schatz deiner einfältigen Tugenden wird dir die Welt nicht beneiden, noch deine Thäler überfallen, um ihn dir zu rauben... Natur! mitten in deinen Unregelmäßigkeiten bist du dennoch freundlich gegen den Mangel, den du geschaffen... Mit allen deinen grossen Werken um dich her, bleibt

dir

dir Wenig übrig, der Sichel oder der Hippe zu geben ... Diesem Wenigen aber, verleihest du Sicherheit und Schutz; und lieblich sind die Wohnungen, welche so bedeckt stehen.

Laß den ermüdeten Reisenden seinen Klagen Luft machen, über die unerwarteten Fälle und Gefahren der Wege ... über die Felsen ... die Abgründe ... die Schwierigkeiten Berg an ... das Grausen Berg unter zu fahren ... über die unersteiglichen Gebirge ... und Cataracten, welche grosse Steine von ihren Spitzen herunter rollen, und seinen Weg verrammen. ... Die Bauren hatten den ganzen Tag gearbeitet, ein solches abgerissenes Felsenstück, zwischen St. Michael und Madane, aus dem Wege zu räumen; und als mein Vetturino bey der Stelle anlangte, wurden noch zwo volle Stunden erfordert, eh' auf irgend eine Art so viel Raum geschafft werden konnte, nur eben durch zu kommen. Hier war nichts anders zu thun, als mit Geduld zu warten . . . Es war ein nasser stürmischer Abend; daß also der Vetturino, sowol dadurch, als durch den Zeitverlust, genöthigt war, seine Tagereise um anderthalb Meilen zu verkürzen, und in einer kleinen anständigen Art von Wirthshause neben der Heerstrasse einzukehren.

Ich nahm alsobald Besitz von meiner Schlafkammer . . . ließ Feuer anmachen . . . bestellte das Abendessen, und dankte eben dem Himmel, daß es nicht schlimmer abgelaufen wäre . . . als ein Fuhrwerk, worin eine Dame mit ihrer Aufwärterinn saß, anlangte.

Da keine andre Schlafkammer im Hause war, so wies sie die Wirthinn ohne viel Bedenklichkeit nach der meinigen, und sagte ihnen, wie sie solche herein führte, daß Niemand darin wäre, als nur ein engländischer Herr . . . Daß zwey gute Betten darin stünden, und daß in dem Zimmer noch
ein

ein Verschlag wäre, wo noch ein andres befindlich sey.... Der Ton, womit sie von diesem dritten Bette sprach, war nicht sehr empfehlend... Indessen wären, sagte sie, drey Betten da, und nur drey Personen... und der fremde Herr, meynte sie, würde alles mögliche thun, und sich fügen....

Ich ließ der Dame keinen Augenblick Zeit zu Vermuthungen, sondern that ihr die Erklärung, daß ich alles thun würde, was ich nur könnte.

Da mich dieses nicht zu einer völligen Räumung und Uebergabe meiner Kammer verband: so fühlte ich mich noch Besitzer genug, um davon die Honeurs zu machen... Ich bat die Dame, sich zu setzen... nöthigte sie zum wärmsten Sitze... forderte mehr Holz... bestellte bey der Wirthinn, daß sie den Plan zum Abendessen erweitern, und uns von ihrem allerbesten Weine zukommen lassen möchte.

Die Dame hatte sich kaum fünf Minuten beym Feuer gewärmt, als sie anfieng den Kopf herum zu drehen, und einen Blick nach den Betten zu thun; und je öfter sie ihre Augen dieses Weges wandte, je verwirrter kehrten sie davon zurück... Ich fühlte für sie... und für mich selbst; denn in wenig Minuten ward meine Verlegenheit, über ihre Blicke sowol, als über den Umstand selbst, so groß, als die ihrige nur immer seyn konnte.

Um alle diese Unruhen zu erregen, war es schon daran genug, daß die Betten, worin wir schlafen sollten, in einem und eben demselben Zimmer stunden... allein ihre Position (sie stunden parallel, und so dicht an einander, daß nur eben ein geflocht= ner Stuhl dazwischen Raum hatte,) machte uns den Handel noch beschwerlicher.... Sie waren noch dazu nahe beym Feuer, und die Ausladung des Kamins an der ei= nen, und ein Tragpfeiler, der durchs Zim= mer

mer gieng, an der andern Seite, machten eine Art von Alkove, welches unserm zarten Gefühl von Schamhaftigkeit gar nicht günstig war. … Wenn noch etwas hinzu kommen könnte, so wars: daß die Betten alle beyde so schmal waren, daß es einem den Gedanken an die Möglichkeit kurz abschnitt, daß die Dame und ihre Jungfer zusammenschlafen könnten. Welches, wenn es sich hätte thun lassen, die Sache sehr erleichtert haben würde. Denn, daß ich alsdann in dem andern Bette nahe dabey schlief, war zwar keine wünschenswürdige Sache, aber es wäre doch nichts so Furchtbares dabey gewesen, worüber nicht die Einbildung ohne Aengstlichkeit hätte hinweg kommen können. Was das kleine Nebenkämmerchen betrifft: so gab uns das wenig oder gar keinen Trost; es war ein dumpfigter kalter Verschlag, mit einem halben Laden vor einem Fenster, darin weder Glas noch geöhltes Papier war, um Wind und Nässe abzuhalten. Ich that mir keinen Zwang an, meinen

nen Husten zurück zuhalten, als die Dame hinein guckte; also war hierbey nichts anders zu thun, als von beyden eins zu wählen.... Ob die Dame ihre Gesundheit ihrer Schamhaftigkeit aufopfern, das Bette im Nebenkämmerchen für sich nehmen, und das, znnächst meinem, dem Mädchen überlassen wollte? oder, ob das Mädchen daneben an allein schlafen sollte? u. s. w.

Die Dame war eine Piemonteserinn von ungefähr dreyßig Jahren, mit vollen Zeichen der Gesundheit auf den Wangen. Das Mädchen war eine Lyonerinn von zwanzig, so flink und rasch, als nur irgend eine französische Dirne seyn kann. ... Da waren allenthalben Schwierigkeiten. ... und das Hinderniß mit dem Stück Felsen im Wege, welches uns in diese Noth gebracht, so groß es auch schien, als es die Bauren wegräumten, war, mit dem verglichen, was uns itzt im Wege lag, nur ein Bachkiesel. ... Ich habe nur noch hinzu zu setzen, daß es die Last, die uns auf dem
Herzen

Herzen lag, nicht erleichterte, daß wir beyde zu delikat waren, einander zu sagen, was wir bey der Gelegenheit empfanden.

Wir setzten uns nieder zu Tische; und hätten wir dabey keinen edlern Wein gehabt, als den, welcher in einem kleinem savoyischen Wirtshause zu haben ist: so würden wir nicht eher geredet haben, bis die dringende Noth das Band unsrer Zunge gelöset hätte.... Allein die Dame hatte etliche Flaschen Burgunder in ihrem Wagen, und ließ durch ihre Kammerjungfer ein Paar davon herauf holen; nachdem wir also abgegessen und allein gelassen waren, fühlten wir Stärke des Geistes genug, zum wenigsten ohne Zurückhaltung von unsrer Situation zu sprechen. Wir kehrten und wendeten es auf alle Seiten, wir überlegten und betrachteten es in einer jeden Art von Lichte, während der Zeit einer Negociation von zwo Stunden; am Ende derselben wurden die Artikel, nach der Art und Weise eines Friedenstraktats, zwischen uns fest verabredet, bet, ... und ich glaube, mit eben so vieler Redlichkeit und gutem Vertrauen an beyden Seiten, als bey irgend einem Traktate, der bis hierher die Ehre gehabt hat, auf die Nachkommenschaft gebracht zu werden.

Es waren folgende:
I. Da Monsieur im rechtmäßigen Besitze der Kammer ist, und er das Bette zunächst am Feuer für das wärmste hält: so besteht er darauf, daß ihm von Seiten der Dame solches zugestanden werde.

Zugestanden, von Seiten der Dame; mit dem Zusatze: Da die Vorhänge dieses Bettes von dünnem, durchsichtigem Cattun sind, und auch zu schmal scheinen, um dicht zugezogen zu werden: so soll die Kammerjungfer die Oeffnung mit grossen Stecknadeln, oder auch mit Nehnadel und Zwirn auf eine solche Art zumachen, als man zu einer sichern Barriere, an der Seite des Herrn nöthig erachten wird.

II.

II. Madame bedingt sich aus, daß Monsieur die ganze Nacht durch im Schlafrocke bleiben soll.

Abgeschlagen. Monsieur führt keinen Schlafrock bey sich; sein Mantelsack enthält nichts, als ein halb Dutzend Hemden und ein Paar schwarze seidene Beinkleider.

Die Erwähnung der schwarzen seidenen Beinkleider, machte eine gänzliche Aenderung in diesem Artikel.... Denn die Beinkleider wurden als ein Aequivalent für den Schlafrock angenommen; und also ward stipulirt und festgesetzt, daß ich die ganze Nacht in meinen schwarzen seidnen Beinkleidern schlafen sollte.

III. Es ward begehrt, und von Seiten der Dame darauf bestanden, daß, nachdem Monsieur zu Bette gegangen, und Feuer und Licht ausgelöscht sey, Monsieur die ganze Nacht durch kein einziges Wort sprechen sollte.

Zugestanden; mit der Klausel, daß Monsieurs sein Abendgebeth für keinen Bruch des Traktats gehalten werden mag.

Es war nur ein Punkt in diesem Traktate vergessen, und das war, auf was Weise die Dame und ich verbunden seyn sollten, uns auszukleiden, und zu Bette zu gehn.... Es war nur eine Art möglich, es zu thun, und die lasse ich den Leser errathen; und versichre dabey, wenn es nicht die delikateste in der Natur ist, so hat er die Schuld Niemand beyzumessen, als seiner eignen Einbildung... über welche dieses nicht meine erste Klage ist.

Ob es nun, nachdem wir zu Bette gegangen, die Ungewohnheit der Situation, oder sonst etwas war, das ich nicht weis, genug, ich konnte kein Auge schliessen; ich versuchte es auf der einen Seite und auf der andern, und warf mich herum und wieder herum, bis eine volle Stunde nach Mitternacht, da Natur und Geduld beyde gleich ermüdet waren, ich ausrief... O, mein Gott!... Sie haben die Traktaten gebrochen, Monsieur, sagte die Dame, welche eben so wenig geschlafen hatte, als ich.... Ich bat sie tausendmal um Vergebung, be=
stund

stund aber darauf, es wäre bloß ein andächtiger Seufzer.... Sie behauptete, es wäre ein förmlicher Bruch der Traktaten ... Ich behauptete, das wäre es, nach der Klausel beym dritten Artikel, nicht.

Die Dame wollte ganz und gar nicht nachgeben, ob sie gleich ihre Barriere dadurch schwächte; denn in der Hitze des Streits konnte ich hören, daß zwo oder drey von den grossen Stecknadeln aus den Vorhängen auf die Erde fielen.

Bey meiner Ehr' und Treue, Madame, sagt' ich, ... indem ich meinen Arm betheurungsweise aus dem Bette streckte. ...

... (Ich hatte hinzufügen wollen, daß ich um alles in der Welt, mich nicht der geringsten Uebertretung gegen den genauesten Begriff vom Wohlstande schuldig machen möchte.) ...

... Allein, die Kammerjungfer, welche gehört, daß es zwischen uns zum Wortwechsel gekommen, und fürchtete, es möchte auf Thätlichkeiten hinaus laufen, war leise aus
ihrem

ihrem Kämmerchen, und weil es völlig finster war, so nahe an unsre Betten geschlichen, daß sie in den engen Raum, der sie von einander schied, und zwar so weit herauf gekommen war, daß sie in gerader Linie zwischen mir und ihrer Dame stund....

Also, da ich die Hand ausstreckte, faßte ich der Kammerjungfer ihre......

Ende des zweyten Bandes.

Druck von Mänicke & Jahn in Rudolstadt.